Bellissima

DE LA MÊME AUTEURE
AUX ÉDITIONS J'AI LU

Elsa mon amour, Flammarion, 2018 ; J'ai lu, 2019.

SIMONETTA GREGGIO

Bellissima

ROMAN

J'AI LU

D'APRÈS UNE HISTOIRE VRAIE

Ce livre a été édité sous la direction de Capucine Ruat.

L'auteure remercie le CNL pour son aide et son soutien précieux à la publication originale de cet ouvrage.

Io sono una maga, e con questa arma, ti uccido.
Je suis une magicienne, et avec cette arme, je te tue.
Poème de ma mère, Armanda Magarelli, 6 ans

À mes frères David, Simone, Alessandro
Fière des pères que vous êtes devenus

Et à Capucine Ruat
Qui y a cru depuis le début

Je crois aux baisers, beaucoup de baisers.
Je crois qu'il faut être forte quand tout va mal.
Je crois que les filles joyeuses sont les plus jolies.
Je crois que demain est un autre jour.
Et je crois aux miracles.

Audrey HEPBURN

My name is Lolita
And I'm not supposed to play with boys
Moi ?
Mon cœur est à papa
You know, le propriétaire.

Marilyn MONROE

Première partie

La jeune fille et la mort

Milan, 29 avril 1945.

— Mussolini, c'est fini ! Boule-à-zéro est mort ! Pendu par les pieds *cola so putana*, avec sa pute ! *Ghe più el crapun*, on a crevé le *Duce*, vive les Ricains, vive les Anglais ! Vive l'Italie !

La foule envahit Piazzale Loreto, les rues sont noires de monde. Mussolini a été fusillé le jour précédent, en même temps que sa compagne Clara ; maintenant il gît mort sous les yeux de milliers de personnes qui ont fait irruption sur la place, courant en tout sens, s'amassant les uns sur les autres, riant, pleurant, maudissant la guerre et ceux qui l'ont voulue.

Dansant sur la paix revenue.

Depuis ce matin à l'aube, avant que – suprême insulte – on pende le Duce tête en bas auprès des hiérarques qui ont fait le beau et surtout le mauvais temps du fascisme, les *carabinieri* ont du mal à retenir ces gens qui font la queue pour cracher sur les cadavres jetés pêle-mêle au sol ; on a même vu des hommes ouvrir leur braguette et pisser sur les morts.

Il fut un temps où l'Italie entière était à quatre pattes devant Mussolini, roi des assassins, des délinquants, des pervers, des faux héros, des têtes de nœud, des balourds, exaltés, ignorants, obtus, violeurs, impuissants, tripoteurs de couilles incompétents, crétins dépassés par ce qu'ils avaient eux-mêmes invoqué, une guerre qui a fait des millions de victimes, des millions de réfugiés.

Un photographe américain présent sur les lieux déplace Benito et Clara. Il pose la tête de l'homme sur les seins de la femme, prend plusieurs photos sous des angles différents. Lui a les paupières baissées sur des iris vides, elle semble sourire, énigmatique, mystérieuse – dernier orgasme mis en scène par les vainqueurs.

À la fin de la journée, le dictateur n'est plus qu'une chose informe, un masque d'argile ramolli, un pantin désarticulé.

On a même joué au foot avec sa tête. Tous les os du crâne sont brisés.

Une photo prise juste avant l'autopsie montre ce visage en gros plan, un œil plus haut que l'autre, lèvres étirées sur dents brisées ; le menton est de la pâte à modeler, les joues et les oreilles sont distendues, écrasées.

On a effacé le visage de celui pour qui le mot fascisme fut inventé.

Parmi ses crimes, on compte les lois raciales contre les Juifs, citoyens italiens à part entière jusqu'en 1938.

Maman est née en 38, justement. Plus de quatre-vingts ans plus tard, c'est l'image du Duce défiguré qu'elle contemple, muette, à mes côtés.

Sa mère l'a chargée dans un train alors qu'elle était une fillette pas plus grande qu'une poupée. Elle l'a fait adopter par des lointains parents, priant pour que sa cadette, en changeant de nom, change aussi de destinée.

Un jour, bientôt, cette soif de mort s'achèvera, ma grand-mère en est convaincue. Tout a une fin, l'univers lui-même explosera, et de cette folie ne restera qu'un poudroiement doré dans un ciel noir, vide et silencieux.

1

C'est comme un cauchemar, si terrible que l'on a cru, sur le moment, ne jamais pouvoir l'oublier, et dont pourtant l'on se souvient confusément ; un abîme au-dessus duquel on se serait trop penché, un vortex qui ne demande encore et toujours qu'à vous aspirer.

Moi je l'appelle trou noir. Parce que ça ressemble à ces objets célestes si compacts qu'ils empêchent toute forme de matière ou de rayonnement de s'en échapper.

C'est arrivé au cours de ma huitième année. Quels étaient les adultes présents ce jour où je me suis sauvée dans les bois, je ne sais plus. Les images que j'en garde sont à la fois décousues et trop colorées.

Pourtant, je revois clairement ce pique-nique, un dimanche midi probablement, dans une clairière baignée de soleil. La nappe étendue sur une table portative, les chaises pliables, les pins tout autour, la mousse vert doré scintillant de microscopiques gouttes de rosée, les nuées d'insectes – comme des voiles piquetés d'argent qui se levaient en tourbillonnant vers le ciel, et même, oui, même cette gentiane indigo, poussant entre un rocher et une touffe de fougères cuivrées.

Pourquoi l'odeur de la gentiane et celle des fougères sont si présentes, alors que les participants à ce pique-nique ont été rayés ? Pourquoi ma mémoire continue de me proposer un homme sans visage qui – de ça, je me souviens – était assis aux côtés de ma mère – et voici que me revient sa voix, une voix grave que je ne peux entendre sans frissonner car je sens que maman n'est pas à l'aise, appelons ça le sixième sens des enfants, elle rit pourtant et l'homme sans visage est si sûr de lui, si tranquille, bon dieu que les adultes sont bêtes, ils ne comprennent rien, ils boivent un verre de vin et oublient que le loup, lui, ne boit jamais.

Les enfants n'aiment pas rester des heures assis, très vite ils s'ennuient, mes frères et moi ne faisons pas exception à la règle. Les garçons s'échappent pour aller jouer au bord d'un ruisseau tandis que je pose mon livre et me dirige vers la forêt.

Ce n'est pas la première fois que je sors du périmètre de surveillance. Sournoise comme un chat, faisant mine de cueillir des fleurs, je m'en vais de plus en plus loin ; mais si mes parents ne remarquent pas mon manège, quelqu'un d'autre ne le rate pas.

Je suis déjà hors de portée lorsque je l'aperçois. Quelque chose dans mon ventre vrille. Son sourire ne me trompe pas.

Car, à la différence des adultes, les petites filles savent.

Moi, en tout cas, je sais.

Du haut de mes huit ans, j'ai déjà compris.

Tout le monde doit sommeiller là-bas, dans la clairière. Ce n'est pas la peine de hurler. Et pourquoi hurlerais-je, d'ailleurs ? Il ne m'a – encore – rien fait.

Face au danger le corps nous propose trois options : rester coi, se battre, fuir.

À quel moment ai-je pris mon envol, à la suite de quel geste, de quel mot ? Dans la scène d'après, je file parmi les arbres aux troncs rugueux, aux branches basses qui fouettent et mordent mes mollets, avec le sang qui bat dans mes oreilles.

J'entends la respiration de l'homme qui me poursuit et que je n'arrive pas à distancer. Il est trop tard pour qu'il essaie de me calmer, trop tard pour faire semblant que nous ne faisons que jouer, trop tard pour qu'il me raconte des craques de son timbre de baryton, la peur me fait courir de plus en plus vite, je ne parviens pas à le semer, je glisse sur un rocher caché par la mousse, je vais trébucher et puis je vais tomber, je vais tomber et l'homme sans visage m'attrapera, et ce sera terminé.

2

Jamais je n'ai soufflé mot à quiconque de ce que je viens de raconter. Même à maman, à laquelle je me confie aisément.

Est-ce par manque de confiance, par excès de pudeur ou de timidité que je ne lui ai rien dit ? Ni l'un ni l'autre. Je crois que je ne voulais pas qu'elle souffre à cause de moi, pour moi. J'avais – déjà – la sensation qu'elle ne pouvait rien y faire. Pourtant, elle a plusieurs fois essayé de me tirer les vers du nez – expression barbare, si adaptée toutefois à la situation – lorsque je piquais des crises d'angoisse à l'heure du coucher. Lorsqu'elle me trouvait le matin recroquevillée sous mon ourson devant la porte de sa chambre. Lorsque, muette, les cheveux sur le visage, repliée en position fœtale, je restais des heures à regarder dans le vide, et rien ne pouvait me faire sortir de l'état de catalepsie dans lequel j'étais plongée.

J'avais honte aussi, l'impression que c'était ma faute, quoique je ne comprenne pas en quoi j'avais attisé ce désir.

Désir, mot inaccoutumé dans mon vocabulaire.

Mais je n'avais rien à mettre à la place.

La colère, noire, est venue après, même s'il m'a fallu des années pour ne pas confondre désir et prédation.

Là encore, les mots manquaient.

Dans ma tête, quand j'y pensais, un énorme vide se faisait. Ma parole contre celle de l'homme. Et la sienne, pour autant que je me souvienne, était sacrée.

Le temps passa ; l'épisode finit par me paraître de moins en moins réel.

J'aurais – presque – pu croire l'avoir inventé, si ce n'était le dragon qui grandissait dans mon ventre, l'encre qui dégouttait dans mes veines.

Une crainte indéfinissable montait en moi à mesure que la mémoire s'effaçait.

Les mois suivants, j'ai pratiquement cessé de manger. Déjà auparavant je n'étais pas épaisse, faisant la boule dans ma joue puis crachant la viande sous la table (manger des animaux morts, quoi encore ? Si les autres faisaient mine de ne pas savoir ce qui arrivait aux lapins, aux veaux, aux agneaux, ces êtres vivants qui étaient mes copains – à moi, on ne la faisait pas). Je ne consentais qu'à grignoter des pommes, boire un verre de lait, léchouiller un peu d'huile sur une assiette que je sauçais avec des quignons de pain. Je grandissais néanmoins à vue d'œil, ibis sur longues pattes.

Lorsque aujourd'hui je revois cette journée-là, cette course dans les bois, une envie de tuer enfle en moi.

Comment pensait-il, l'homme sans visage, s'en tirer sans conséquences ? N'avait-il rien envisagé, porté seulement par son instinct ?

Ou alors
avait-il prévu
que je ne reviendrais pas ?

3

Il y a quelques semaines, je suis retournée voir maman dans la maison de mon enfance. Je voulais replonger dans nos archives de famille. Quelque chose, comme un sifflement ténu aux lisières de ma conscience, m'y appelait.

Je suis arrivée sur les coups de midi alors qu'elle préparait un pesto, avec Nina, la chatte tortue, cramponnée comme une vieille pantoufle à ses pieds. La cuisine sentait le basilic et l'ail, l'huile d'olive et les pignons écrasés.

J'ai volé un bout de parmesan.

Au moment de jeter les pâtes dans l'eau bouillante, maman m'a demandé :

— Farfalle ou spaghetti ?

Haussant les épaules j'ai dit, farfalle.

Elle a vidé la moitié d'une boîte de spaghetti dans la casserole fumante.

Plus tard, alors que j'allais sortir, elle m'a prise dans ses bras – elle m'appelle Checca, qu'en italien l'on prononce Kekka :

— *Checca* (donc), ma chérie (quand elle m'appelle ma chérie, je me méfie), il va pleuvoir, prends un parapluie (soupir). Je sais que tu détestes, mais fais-le pour moi.

— Mamaaaan.

— Ton attitude (re-soupir). Ça me rend tellement malheureuse (tête tournée de part et d'autre). Tu refuses tout ce qui est confortable.

— Par exemple ?

— Un parapluie. Un homme.

— Tiens, j'y pense, maman. Tu connais la blague de la mère italienne et de la mère juive ?

— Encore ? Tu me l'as déjà racontée.

— Ce n'est pas la même. Tu sais combien de temps il faut au fils d'une mère italienne et au fils d'une mère juive pour changer une ampoule ?

— (Résignée) Vas-y.

— Le fils de la mère italienne visse l'ampoule, et puis voilà. La mère juive dit à son fils : Ne t'occupe pas de moi. Ça ne fait rien tu sais. Je resterai dans le noir.

— Si tu crois que tu es drôle.

Ma chérie.

4

Je suis née à Robino. C'est à sept kilomètres de Padoue, à vingt-cinq kilomètres de Venise. Autrefois, il s'agissait d'un bourg important sur la route de Vicenza, avec des villas entourées de parcs et des relais de poste pour les malles-voitures. Au début du siècle dernier, les relais sont tombés en désuétude. Les automobiles ont progressivement pris la place des carrosses, mais, du temps de maman, le paysage était celui d'avant la révolution industrielle.

Et au cours de mon enfance aussi, l'ambiance du village était comme figée. J'ai grandi au milieu de champs, maïs et blé, vignobles, mûriers, acacias, moustiques et peupliers.

Parfois d'inquiétants petits cirques traversaient la route pour venir se poser dans les prés à côté de chez nous, une file de caravanes en bois tirées par des ânes et des mulets, habitées par des familles à la peau sombre et au dialecte inconnu. Entre les caravanes, des cages remplies de singes et de tigres pelés ; parfois un éléphant. J'avais honte des réactions suscitées par ces clowns pouilleux, je ne voyais pas pourquoi le public riait quand ils se cassaient la figure, j'étais une petite fille pas drôle, je ne suis pas devenue beaucoup plus drôle par la suite, le seul humour qui me fait rire c'est l'humour noir, à la rigueur l'humour juif.

Pas toujours de quoi se marrer.

Padoue est aujourd'hui encore ce qu'on appelle une noble ville, par opposition aux villes vulgaires comme Saint-Tropez ou Monte-Carlo où, soit dit en passant, les Ferrari les plus récentes sont souvent immatriculées PD.

Autrefois, Padoue était merveilleuse. On aurait dit un salon de thé *Ottocento,* avec les Piazze delle Erbe, dei Fiori et della Signoria pavées de granit coloré et entourées d'anciens palais, Piazza dell'Orologio rehaussée par la Tour, les quais du fleuve Bacchiglione dominés par la Specola, mi-observatoire mi-manoir, le Prato della Valle parfaitement rond ponctué par les soixante-dix-huit statues de ses rejetons les plus connus, Torquato Tasso le poète, Andrea Mantegna le peintre, Antonio Canova le sculpteur, Galileo Galilei l'astrophysicien, Ariosto et Pétrarque pères fondateurs de la langue italienne. Venise, toute proche, la préserve par sa présence écrasante du tourisme de masse. Et Vérone, nid des amours tragiques de Juliette et Roméo, lui a volé la vedette pour les voyages de noces.

Drôle de ville que ma ville, pointe empoisonnée de la stratégie de la Terreur, où les représentants de l'extrême droite et de l'extrême gauche se sont entretués dans les années soixante-dix, et dont le noyau dur a été pour moi le collège du Sacré-Cœur, repaire des plus riches filles de Vénétie ; papa avait signé avec le diable pour que je fréquente ce monde, c'était sa rédemption et la preuve de son ascension sociale.

Ça ne s'est pas passé comme vous vouliez, pardon papa, maman, de vous avoir déçus sur ce coup-là, mais vous savez, ce n'était pas vraiment ce que vous croyiez.

5

D'aussi loin que je me souvienne, je me lève la nuit pour cracher dans mes mains. Lorsque je constate que ce n'est pas de l'hémoptysie, je me rendors la paume sur la poitrine, pour sentir battre mon cœur.

Que je connusse dès ma petite enfance le mot *tuberculose* me paraît aujourd'hui improbable. Pourtant, ce geste de cracher dans mes mains est l'un de mes premiers souvenirs.

Les voyantes rencontrées au fil du temps m'ont gravement certifié que c'est parce que je suis morte de cette maladie dans ma vie d'avant.

Un neurologue chez qui l'on me conduisit au cours de mon adolescence affirma qu'il ne s'agit que de mémoires reconstruites.

Quant à maman, elle m'assure que j'ai toujours eu beaucoup d'imagination. Selon elle, je rêve ma vie plus que je ne la vis.

Retourner dans la maison de mon enfance équivaut pour moi à reprendre ma place dans la *Commedia all'italiana* de laquelle je me suis enfuie à vingt ans. Pendant des années je n'ai pas parlé italien, sinon au téléphone avec ma mère. Pendant longtemps, j'ai lu, écrit, pensé uniquement en français.

Pendant longtemps j'ai refoulé, refusé – vomi – mon Italie.

Qui est-on quand on n'est plus ce qu'on était, mais pas non plus autre chose tout à fait ?

Tandis que maman se maquille, je suis assise au bord de la baignoire avec Nina sur les genoux. Ça ne m'étonne pas que les potes de papa – et même ceux qui ne l'étaient pas – aient tous été un peu amoureux d'elle. À son âge, quatre-vingts et quelques, c'est toujours un beau pétard.

Elle fait la moue en tirant sur sa paupière pour bien dessiner le trait de son eyeliner, et moi je bavarde. Je ne sais plus trop ce que je lui raconte quand elle se retourne vers moi, un œil fait et l'autre pas, et elle prononce ces mots :

— Jusqu'à il n'y a pas si longtemps, lorsque je sautais encore les fossés par la longueur, le matin je bondissais de la salle de bains en criant au monde, Voici la poupée ! Maintenant, quand je suis prête, je maugrée, Ouais, bon. Voici la vieille.

Un peu plus tard, je sors le coffre rempli de photos caché sous mon lit, coffre que j'ai récupéré dans le grenier du château du grand-père paternel, et l'apporte dans la cuisine.

Où tout se passe.

Armée de ces photos noir et blanc, de ces polaroids aux couleurs passées, j'affronte le regard de maman qui, comme celui de Nina lorsqu'elle voit un oiseau, verdit.

— Tu te souviens de ta vraie mère, maman ?

— Des flashes.
— Comment s'appelait-elle ?
— Carla.
— Et de ton père ? T'en souviens-tu ?
— Pas du tout. *Pulini* m'a dit... quand j'étais déjà grande. Qu'ils n'étaient pas mariés. Écoute, Checca, arrête de me tanner. Tout était tabou en ces temps-là. Je n'en sais pas plus.

Sauf que ce n'est pas vrai.

Ce n'est pas que maman ait peur de la vérité. C'est que la vérité, comme le dit Kafka, est vivante et ne cesse de bouger.

6

Dans ma chambre d'enfance il y a trois miroirs. Un ovale très ancien, un rectangulaire au bord en coquillages, et le plus grand de tous, un miroir en pied. Entre les encadrements et les glaces, il y a des photos.

Une armée de fantômes peuple mon espace de nuit.

Il y a aussi des feuilles, des plumes, des branches d'arbre. Au sol, un plancher de chêne usé. Au plafond, des poutres et un ventilateur à pales de bois qui tournent lentement, barattant l'air plus qu'elles ne le brassent. Un lit blanc au milieu. Et encore, une table de travail encombrée de livres, un fauteuil vert amande chiné dans un vide-grenier et frotté au papier émeri. Dans un coin, un panier avec une couverture rouge sang, pour l'automne et le printemps. Pour le reste, c'est nu : pas de tapis, pas de tableaux.

Sous le lit, le coffre des photos venu du château de grand-père. Les rideaux de la chambre me rappellent ceux qui pendaient, l'été, dans son orangerie, blancs aux rayures bleues.

On dirait que, d'une certaine manière, je reconstruis l'ambiance qui entourait Gino et Ida, les grands-parents adoptifs maternels happés dans ce temps d'enfance qui n'est plus.

Il faut avoir un pays, ne serait-ce que pour partir. Un pays signifie ne pas être seul, sachant que dans les gens, dans les plantes, dans la terre, il y a quelque chose qui vous appartient, que même lorsque vous n'êtes pas là, elle vous attend, dit Cesare Pavese dans *La Lune et les Feux.*

Ce paradis perdu qui coule dans mes veines, et dont ma peau et mon cœur sont tatoués, je l'ai cherché au cours de mes voyages, dans tous les pays où j'ai mis les pieds.

Je l'ai reniflé dans l'air de certaines forêts des Açores, buissons de pivoines et troncs d'arbres trempés.

Je croyais l'avoir retrouvé au nord du Japon, dans ces pièces au sol en tatami – *washitsu* – et aux parois en papier – *shōji* –, où j'ai brièvement habité. La cuisinière en fonte ressemblait à s'y méprendre à celle de la cuisine du château de Gino, noire, massive, un feu qu'on allumait sur le devant et des anneaux que l'on ôtait un par un sur le dessus, à l'aide d'un fer recourbé. Un antique dessin au fusain d'une beauté à briser le cœur.

Je me suis enfuie avant de mourir de rhumatismes.

Je l'ai reconnu par la fenêtre d'une cabane au Pérou, tandis qu'il pleuvait sur les orchidées se balançant aux branches vertes d'humidité.

Certain petit manoir de Bretagne m'a fait fermer les yeux de nostalgie, tant la pierre grise et les hortensias bleus l'ont ressuscité, miracle du temps un instant aboli.

Mais c'est seulement lors de mon dernier séjour chez moi que j'ai retrouvé l'ironie et la tendresse des films de Mario Monicelli, la tristesse, l'humanité et l'espoir, et le désespoir ensemble, du *Pigeon*, de *L'Armée Brancaleone*, des *Nouveaux Monstres*.

Je revois cet instant précis, debout derrière la porte entrouverte de la salle de bains d'un garçon. Ce garçon que j'ai embrassé en me demandant si faire l'amour, c'est comme aller à bicyclette (et aussi, en l'embrassant, je me demandais, Mais est-ce qu'on a vraiment besoin d'un vélo ?), ce garçon assis sur son bidet se rafraîchissait les fesses avant de passer aux choses sérieuses, et dans un rire silencieux je me suis dit, Voilà, chérie, tu es enfin de retour chez toi, dans ta patrie.

Car, non, ce n'est pas la pizza, la mandoline ou la pasta qui m'ont le plus manqué ces quarante dernières années en France, mais bien le bidet et son usage désuet. Que les mères apprennent dès leur plus jeune âge à leurs enfants à se laver le cul me semble bien, aujourd'hui, l'une des rares dernières valeurs de mon pays.

Mais est-ce le vrai pays que l'on cherche ou celui de l'enfant en soi ? L'Italie que j'ai laissée derrière moi en 1979 n'existe plus que dans le génie de cette *Comédie à l'italienne* que personne n'a égalée ; quant à la chambre de ma maison natale, c'est une sorte de balançoire entre le berceau et le tombeau, les rêves et la réalité, les mystères et la vérité ; entre ma France et mon Italie.

Qui est-on quand on n'est plus ce qu'on était, mais pas non plus autre chose tout à fait ?

7

Un grand cygne blanc, long cou flottant entre deux eaux, tête tournée sur le côté, bec noir entrouvert. L'œil que l'on distingue entre les lentilles de l'étang est recouvert d'une membrane cramoisie.

Un bâton traîne près du rivage. Des plumes y sont accrochées. Dans la nuit, quelqu'un l'a supplicié.

Sa compagne, gracieuse, plonge la tête et pousse le corps de celui qui fut son amant, son compagnon, son ami.

Les cygnes, comme les loups, choisissent leur partenaire pour la vie. Quand l'un des deux meurt, l'autre reste seul jusqu'au bout.

L'eau ondule, le cou du grand cygne mort est maintenant complètement immergé. Autour de l'étang, les enfants – une petite dizaine, accompagnés de leur mère ou de leur nounou, sortis au petit matin pour échapper à la chaleur infernale de ce mois d'août dans la plaine du Pô – sont silencieux.

Maintenant le garde champêtre sort la dépouille de l'eau à l'aide d'une gaffe. La femelle suit toute l'opération, sans s'éloigner. Le corps du cygne est lourd, le grand oiseau laisse pendre ses pattes noires tandis que le garde le prend dans ses bras pour le poser sur la brouette. L'homme et le cygne réunis dans une dernière accolade accomplissent un macabre ballet sous le regard de la femelle, qui sort de l'eau pour les accompagner sur quelques dizaines de mètres.

Une petite fille pleure. Sa mère s'éloigne, la fillette à son cou ; derrière elles, le petit monde qui a assisté à la scène s'ébroue.

Le cygne femelle a été retrouvé sans vie quelques jours après la mort de son compagnon. *Takotsubo*, 蛸壷, piège à poulpe. Syndrome du cœur brisé, disent les Japonais. Les Allemands, eux, parlent de *Weltschmerz*.

Je sais, je ne l'ai pas encore expliqué.

Les jardins de grand-père Gino, où se déroule cette scène, sont devenus un parc public.

J'ai toujours la clé du château de *nonno* Gino. Une grosse clé en fer. Quand grand-père est mort, elle est restée accrochée dans notre garage. Je crois que les garçons – mes frères et leurs copains – s'en sont servis au cours de ces années. Ils l'ont toujours replacée sur son clou.

Lorsque je l'introduis dans la serrure, elle tourne sans se faire prier.

Comme si quelqu'un avait continué de l'utiliser.

Dans le hall sombre j'ôte mes tennis, gardant mes chaussettes. Comme je le faisais, enfant, pour glisser sur les parquets qui venaient d'être cirés. Ma mère avant moi le faisait déjà.

Moiteur sous la plante des pieds. Odeurs de guano, de moisissure. Ça crisse d'insectes morts, de cocons brisés. De cendres, comme des ossements trop vieux. Les oiseaux ont bâti leur nid dans la cheminée. Je les entends piailler.

Je monte l'escalier en pierre grise, si large qu'un cheval pourrait passer.

C'était fait pour ça d'ailleurs.

Je crois.

Les anneaux en laiton demeurent, mais le tapis a été enlevé. Les coins du salon en *terrazzo* vénitien, paille et chaux, se sont effondrés, laissant apercevoir l'étage au-dessous. Le sol tremble sous mes pas. Le marbre ébréché est talqué de poussière. Lames de lumière, mosaïques pâlies – le lierre a disjoint les planches en bois qui condamnent la porte-fenêtre, dont les vitraux au plomb *millefiori* firent la gloire du château.

Ça ne sert plus à rien des endroits comme ça. Où on dansait il y a un siècle. Ou deux. Un de ces jours, le bâtiment va être détruit. C'est même étonnant que ce ne soit pas encore fait.

Les lustres en verre de Murano ont été volés.

La marche qui grince. Le matelas rayé – roulé. Mes quelques nuits ici, dans l'ancienne chambre de maman.

Une branche de chèvrefeuille séchée pend au travers du plafond voûté.

La sollicitude des grands-parents – si tendres, tout gris, des tourterelles affolées.

Cette violence qui bouillonnait, lave en fusion dans mon cœur qui ne voulait pas plier.

Cette rage qui me faisait serrer les lèvres, grincer des dents.

Le rouge des murs délavé, défilé de revenants éparpillés.

Le sang qui me montait à la tête par vagues, l'odeur des larmes dans ma gorge et mon nez, larmes que je refusais de voir couler.

Mais

baisser la tête, je ne pouvais pas.

Même sous les coups, mes yeux restaient grands ouverts, mon front levé.

Si l'on pouvait revenir en arrière, retrouver le moment où ça a mal tourné, est-ce que chacun de nous referait ce qu'il a fait ?

8

Quand j'étais petite, papa partait tous les jours jouer aux cartes au Bar Centrale, le café du village. Quelquefois maman m'envoyait le chercher. Je le trouvais assis devant une grappa au milieu d'un nuage de fumée de cigarette parmi ses copains. Un soir – ils ne m'avaient pas vue arriver –, j'ai entendu l'un d'entre eux proclamer, *Quand tu rentres bourré, pisse par terre au milieu de la cuisine, ta femme sera furieuse, elle se précipitera pour nettoyer, et toi, tu pourras aller te coucher en paix.*

Tout le monde y est allé de son sous-entendu vulgaire. Quand ils m'ont remarquée, ils se sont tus. Qu'est-ce que ça fait de sentir sur soi le regard grave d'une gamine qui te juge sans idées préconçues – on n'en a pas, à cet âge.

Quelle est ta honte ? As-tu envie de te cacher, de te lever pour aller commander une autre grappa, de faire semblant que tu ne l'as pas vue ?

Ou est-ce que, au lieu d'avoir envie de disparaître, tu as envie qu'elle disparaisse, elle, pour ne plus avoir de comptes à rendre à ce regard-là ?

Les potes avec lesquels papa tapait le carton : deux jumeaux usuriers, recycleurs d'argent pour la *Mala del Brenta* – organisation criminelle vénitienne à caractère mafieux –, sans scrupules et sans pitié. Beaux, sportifs, mariés à des sublimes tigresses mais coureurs impénitents de jupons, leurs aventures sans fin suscitaient les rires gras de cet entourage de premier choix.

Puis Gianni le géant, lieutenant du boss de la Mala, Felice Maniero. Gianni garait sa Maserati ou sa Ferrari, ça dépendait des jours, juste devant l'entrée du Bar Centrale. Pour bien signifier à tout le monde qu'il était à son deuxième bureau. Et pour ne pas marcher trois mètres de trop, histoire de ne pas perdre un gramme de son énorme cul.

Le gros Gianni était aussi moche que son patron Felice Maniero – dit Face d'Ange – était exquis, une montagne à la tronche de boxeur, au nez de traviole, avec un œil qui disait merde à l'autre. On murmurait dans le village qu'il achevait les policiers d'une balle dans la bouche en leur faisant sucer le canon pour toute dernière prière. On disait aussi qu'on l'avait vu jouer au foot avec la tête d'un traître (foot, mort et trahison font bon ménage en Italie) mais, pour mes frères et moi, Gianni était juste notre gentil cheval, car lorsqu'il venait à la maison il nous portait sur sa nuque en caracolant, hennissant pour nous faire rire.

Parmi ces freaks, le plus discret était Romeo, le témoin de mariage de papa, un petit gars rondouillard qui buvait sec, le seul auquel je faisais confiance.

Qui, ce soir-là au Bar Centrale, s'est levé et m'a demandé de le suivre dehors. Il a sorti de ses poches des *caramelle Rossana* et a murmuré, Je vais envoyer ton père à la maison ; toi, rentre. Embrasse ta mère pour moi. Dis-lui… ne lui dis rien. Embrasse-la, c'est tout.

C'était l'ami le plus cher de papa, Romeo. Son âme sœur, sa part de lumière. Romeo, celui qui prenait des coups de ceinture avec lui quand ils se faisaient choper, gosses, en train de manier les grenades inexplosées. Romeo qui l'avait accompagné à l'autel lorsque papa a épousé maman. Qui lui avait tendu en tremblant l'alliance. Qui s'était tellement enivré à mon baptême qu'il avait fallu le rentrer en brouette. Qui m'avait fait cadeau d'un dé à coudre en or à ma première communion.

Romeo qui allait mourir à la fin des années soixante-dix écrasé par une voiture une nuit de pluie, comme un chien errant, en rentrant chez lui, où il habitait avec sa mère. Retirant à mon père cette tendresse indéfectible que seul l'ami qui vous a toujours chéri sans a priori, aimé pour qui vous étiez, sans bénéfice à en tirer, admiré aussi, peut vous donner. L'épaule sur laquelle vous n'avez pas honte de pleurer. Celui qui, désormais, vous met face à la solitude, et à qui vous ne retournerez qu'une fois de l'autre côté. Car c'est ce qui se passe quand ceux qui nous aiment partent avant nous : ils creusent la voie des rêves que nous faisons la nuit et oublions le matin. Ces rêves où nos êtres chers nous effleurent les doigts, toutes les nuits d'un peu plus près, jusqu'à ce qu'ils prennent notre main dans la leur et ne la lâchent plus jamais.

9

Du coffre magique de grand-père, maman sort une photo d'elle et de papa à une fête. Ils sont côte à côte. Ils ont l'air heureux. Sublimes tous les deux, maman avec des boucles frôlant ses épaules nues, papa en smoking, large ceinture violette de torero autour de la taille, ses cheveux un peu longs sur le front.

C'est un samedi soir à la fin des années soixante. Mes parents se préparent pour aller à cette fête.

J'attends que mes frères s'endorment et je brise l'interdit. À pas de loup, je me rends dans la salle de séjour.

J'allume la télé.

Je suis foudroyée.

Mouchette (on ne saura jamais son vrai nom) vit, solitaire dans un petit village (le village n'est jamais nommé, pas plus que la région). C'est une fillette taciturne ; son père est un contrebandier alcoolique et sa mère est gravement malade. Un soir d'orage, alors qu'elle rentre de l'école, elle s'égare dans la forêt. Elle accepte l'hospitalité d'un braconnier, Monsieur Arsène, le premier habitant du village à lui témoigner un peu de compassion. L'homme la viole. En rentrant chez elle, Mouchette assiste à la mort de sa mère sans avoir le temps de lui confier ce qu'elle vient de subir. Au matin, se heurtant à l'hostilité méprisante de sa famille et de tout son village, Mouchette trouve provisoirement refuge chez une vieille « qui aime les morts ». La vieille dame donne à Mouchette, avant qu'elle ne reparte, une robe blanche, comme une robe de mariée pauvre.

Mouchette s'étend sur l'herbe enrobée dans le voile/linceul et, du haut d'un vallon, roule vers l'étang, comme le font les enfants pour jouer – comme je le faisais avec mes frères à la montagne, au cœur de l'été.

Mouchette revient trois fois à son point de départ, car son corps est freiné par un buisson avant de tomber dans l'eau. La quatrième fois, les herbes cèdent sous son poids et l'étang s'ouvre pour l'accueillir.

Le *Magnificat* de Monteverdi – *Gloria Patri* – accompagne l'image de la surface redevenue calme.

Je suis Mouchette, fillette brune coiffée en couettes, avec un pied dans l'enfance et l'autre dans la mort.

Je claque des dents en me recouchant dans mon petit lit glacé.

Comme l'étang dans lequel je ne me suis pas jetée.

Ce film de Robert Bresson, j'ai vérifié, est passé à la télé italienne en 1969 ; après ma course-poursuite dans la forêt.

Est-ce que l'homme sans visage en avait encore un, à ce moment-là ? Est-ce que je n'ai fait que l'oublier toutes ces années ?

Est-ce que quelqu'un pouvait me protéger ?

Qui s'en est – seulement – douté ?

Ce qui m'est arrivé – ce qui arrive à toutes les fillettes du monde –, le monde fait mine de ne pas le voir – nous faisons, tous, *comme si de rien n'était*.

10

Maman me montre une photo sur laquelle je suis debout près de ma grand-mère d'adoption Ida, qui, accroupie, me serre dans ses bras. Elle a de beaux yeux clairs et les dents du bonheur. J'ai neuf ans, je le sais car je peux dater cette blouse rose avec de minuscules boutons noirs.

Je me souviens à quel point grand-mère me semblait vieille.

En fait, elle a l'âge que j'ai aujourd'hui.

Une petite fille et sa grand-mère traversent la ville.

Le samedi après-midi Ida m'emmène lécher les vitrines, ignorant qu'il y a des barrières d'épines entre une rue et l'autre, dans l'enfilade de places dont la population a changé. Sabots, gros pétards, jupes à fleurs et guitares à un carrefour – crânes rasés, cuirs vernis et blousons Moncler au suivant.

Grand-mère et moi, la main dans la main.

Ida me parle sans vraiment attendre que je lui réponde. Je suis sa *rabegola*, j'ai hérité ce nom de ma mère, qu'elle appelait ainsi avant moi. Ça veut dire quoi en dialecte vénitien ? J'ignore si ce mot existe, ou s'il n'est en usage que dans notre jargon familial.

À Padoue, on achète des chaussettes en fil d'Écosse pour Pulini – le surnom de Gino –, qui a les pieds raffinés. Des chapeaux à voilette et plumetis pour ses sœurs. Chez Pitassi, Piazza Garibaldi, on commande une année sur trois un manteau, un *Loden bruciato. Il n'y a rien de plus classe sans être m'as-tu-vu, ça fait distingué pour monsieur le maire, tu ne trouves pas, ma rabegola ?*

Quand on passe devant le Bazar de la Soie de ses amis Sivelli, qui ont fait faillite après la guerre, Ida ressasse leur chute, que je connais par cœur. Leur fils unique n'est jamais rentré de Russie. Ni mort ni vivant, ça veut dire qu'il peut revenir à tout moment, non ?

Ou

ça veut dire qu'il est crevé tout seul dans la neige en maudissant sa mère

ça veut dire que tout ce qu'il a comme croix sur sa tombe est un caillou

ça veut dire qu'il erre, sans mémoire, en demandant l'aumône dans un pays glacé où personne ne le connaît.

Monsieur Sivelli était devenu alcoolique. On l'avait trouvé un matin sans vie, recroquevillé comme un clochard devant son magasin emmuré, lui qui était autrefois l'homme le plus riche de la ville, ou peu s'en fallait.

Madame Sivelli avait perdu le peu de raison qu'il lui restait.

Ils étaient juifs, ça n'aide pas, murmure grand-mère Ida. Qu'est-ce que c'est être juif, *nonna* ?

Elle fait comme si elle ne m'avait pas entendue, et je n'insiste pas. Je tire sur sa main pour qu'on aille au café Pedrocchi. Le chocolat chaud y est le meilleur de la ville, lourd et mousseux, avec de la chantilly fondant sur la croûte brune, croquante sous la dent. Depuis plus d'un siècle, dans ce « café sans portes » néoclassique, tout en velours rouges, kentias dans les pots en terre cuite sculptés, nappes immaculées sur tables en marbre et garçons en haute tenue, les étudiants et les pauvres gens peuvent se réfugier en toute saison sans pour autant consommer.

À l'époque, la ville est divisée en deux.

Piazza dei Signori et Piazza Capitaniato, couleur banderille. Les rouges tiennent le quartier, les filles font le *girotondo*, la ronde, se tenant par la main et psalmodiant, *Tremate, tremate, le streghe son tornate*, Tremblez, tremblez, les sorcières n'ont pas flanché, *Il corpo è mio e me lo gestisco io*, Mon corps est à moi et j'en fais ce qui me choit, *Maria Vergine che hai concepito senza peccare, aiutami a peccare senza concepire*, Vierge Marie, toi qui as eu un enfant sans pécher, aide-moi à pécher sans enfanter. Et ce dernier slogan incompréhensible, *Col dito, col dito, orgasmo garantito*, avec un doigt, c'est juré, l'orgasme est assuré.

Via Zabarella, en revanche, l'ambiance est au noir tragédie, malgré les arcades blondes, les maisons du *Cinquecento*, les terrasses noyées de verdure, les anges de Giotto et Mantegna. Ceux du Front de la jeunesse fasciste y ont installé leur QG. Pas beaucoup de filles dans les groupes, plutôt des garçons en col roulé, aux coupes de cheveux courtes et aux chaussures cirées par les bonnes de la maison. Ils chantent, *Venus de l'enfer, le feu dans les veines, nous lèverons au ciel nos chaînes.*

Le café Pedrocchi où ma candide grand-mère et moi allons boire du chocolat chaud est la Suisse de Padoue.

Ni elle ni moi ne connaissons la géographie de la Terreur qui se met en place autour de nous.

Juste une grand-mère et sa petite fille prises dans les ronces de l'Histoire.

11

Drôle de ville que ma ville de Padoue, patrie d'anges et de vipères, laboratoire des extrémismes opposés. Ce 15 avril 1969 – la maîtresse nous a demandé le matin même, en classe, de prier pour *notre jeunesse tourmentée* –, une bombe explose dans le bureau du doyen de l'université, Enrico Opocher, professeur de philosophie du droit et des doctrines de l'État, ancien résistant et opposant aux lois antisémites. La bibliothèque contenant des exemplaires de manuscrits uniques brûle.

Un tract orgueilleusement *fasciste* revendique l'attentat. Mais *fasciste* n'est pas le mot que Franco Freda, vingt-huit ans, étudiant (thèse de doctorat sur Platon avec le doyen Opocher, justement), utilise. Lui, il se réclame nazi-maoïste.

Freda est superbe comme le plus beau des anges, Lucifer, et comme Lucifer, il va tomber du Ciel en Enfer.

Le 12 décembre de cette même année une autre bombe explose Piazza Fontana, dans une banque de Milan, faisant dix-sept morts et quatre-vingt-huit blessés. C'est un carnage planifié pour toucher le plus de gens possible – un vendredi, jour de paye, juste avant Noël. Les victimes sont des agriculteurs et de petits employés.

L'Italie est sonnée. La télé en noir et blanc diffuse les images des funérailles célébrées au Duomo, entre deux ailes formées par des milliers de personnes plongées dans le silence. Les cercueils portés à l'épaule par des carabiniers en haute tenue ne contiennent que des lambeaux de corps, pauvres restes des hommes présents ce jour-là.

Franco Freda est le principal suspect de cet attentat surnommé la Mère de tous les massacres, boucherie qui marque le commencement de la stratégie de la tension.

De quelle stratégie s'agit-il, et quel est son but ?

Semer la peur, justifier un changement radical de gouvernement, autoriser un régime totalitaire, établir enfin un régime d'extrême droite.

L'attentat de Piazza Fontana marque le début officiel des années de plomb.

Dans son livre *La Désintégration du système,* publié par sa propre maison d'édition, Freda théorise cette drôle de guerre menée par des soldats dont la pureté justifierait la cruauté, et le désintérêt, l'action de mort. Il y formalise également la jonction entre extrême gauche et extrême droite. L'idéologie mystique inspirée des principes de Julius Evola, philosophe du fascisme solaire et de la restauration poétique, métaphysicien chevauchant l'idée de la contre-révolution, irrigue tout un pan de la pensée fasciste de ces années-là. Des assassins se prenant pour des héros : ce n'est ni la première ni la dernière fois que l'on justifie de donner la mort au nom de la vie.

Cette université de Padoue, l'une des plus anciennes du monde, héberge un autre étudiant aussi flamboyant que Franco Freda. Il s'appelle Antonio Negri, c'est un mince garçon à lunettes, brillant et charismatique.

Toni Negri devient peu après le leader de Pouvoir ouvrier, l'un des plus vastes mouvements de gauche en Europe.

Negri le rouge et Freda le noir se croisent au café Pedrocchi. Ils organiseront d'ailleurs d'un commun accord la première grande manifestation propalestinienne – convergence qui ne peut qu'interroger.

Il existe dans l'univers des zones d'espace-temps incandescentes où les trajectoires humaines décident du destin des nations, creusets d'où jaillit l'histoire et où tout devient possible.

Ma délicieuse, charmante ville de Padoue est un volcan. Un endroit où la Bête se terre quand on la défie – et d'où elle revient chaque fois plus forte qu'avant : *Et je vis l'une de ses têtes comme blessée à mort ; mais sa blessure mortelle fut guérie. Et toute la terre était dans l'admiration. Et ils adorèrent le dragon parce qu'il avait donné l'autorité à la bête ; ils l'adorèrent en disant : Qui est semblable à la bête, et qui peut combattre contre elle ?*

12

C'est en 1969, l'année de l'attentat de la Piazza Fontana, que mon père commence à travailler pour l'Ingénieur. Je croiserais aujourd'hui cet homme aux éternelles lunettes de soleil havane, je ne le reconnaîtrais pas, tant son visage est banal.

Mais si jamais il ôtait ses lunettes, alors je saurais qui il est. Par ses yeux, aux paupières qui ne clignent jamais. Ceux qui ont déjà vu un crocodile de près savent à quoi ressemble sa peau. C'est le revêtement d'un char d'assaut. Si le bestiau s'approche trop près de vos pieds, vous n'avez qu'une issue, lui exploser la gueule au fusil de chasse au gros. Avant qu'il ne vous attrape et ne vous emporte dans la vase pour vous dévorer en paix.

C'est l'Ingénieur qui gérait notre vie. Qui appelait papa la veille de Noël alors que nous partions en vacances, la voiture écrasée par les bagages, mes frères installés à leur place, maman énervée entre les sandwichs, la thermos, et le dernier sac que l'on ne pouvait caser sous les fesses de personne.

C'est à ce moment-là que le téléphone sonnait dans la maison.

Combien de fois c'est arrivé ? On remettait le départ au jour suivant. Ou à celui d'après. L'Amant de papa – c'était le surnom que nous, les enfants, lui avions donné – foutait régulièrement en l'air nos départs, comme seule une maîtresse attitrée peut le faire. Mais maman n'avait le droit de rien dire, puisque l'Ingénieur nous faisait vivre.

Le travail que papa effectuait pour lui payait nos factures. Notre maison de famille. Des escaliers en marbre rose. Une nouvelle terrasse. Une volière dans le jardin. Nos leçons de tennis. Le ski. Les bijoux de ma mère. Ses fourrures en léopard – elle avait horreur de ça. L'appartement des grands-parents paternels Maria et Giuseppe. La restauration du château de Gino et Ida. Les terrains, les propriétés que papa acquérait dans une boulimie d'ancien pauvre.

Plus tard, mon école privée. Celle de mes frères.

Papa avait bien essayé de trouver sa propre voie avant l'arrivée de l'Ingénieur. Il commercialisa un temps des habitations bio-équitables. En bois, verre et pierre. Avec un système complexe d'énergies renouvelables. Un blasphème dans les années soixante-dix, moment où les ressources de notre planète semblaient inépuisables. Où le plastique venait de gagner la guerre contre les matériaux du siècle d'avant.

Il y avait encore du boulot pour parfaire ces maisons du futur, papa étant meilleur dans la clairvoyance que dans la mise au point.

Il s'est acharné.

Les banques lui ont coupé l'herbe sous les pieds.

On a toujours tort d'avoir raison en avance.

Il n'y avait pas meilleur moment pour que papa prête l'oreille aux sirènes de l'Ingénieur. Il a signé au bas du contrat disant, J'ai perdu un peu de ma liberté, mais je suis dans un tonneau d'acier.

Étrange formule.

Puis un jour, l'Ingénieur l'a lâché. Et les comptes en banque de papa se sont dégonflés comme un soufflé.

Au fromage.

Cramé.

Mais j'anticipe.

En attendant, l'Ingénieur, impassible, colonisait. Notre famille, et l'Italie.

Noël 1969. Cette année-là, j'ai demandé un seul cadeau : un ours en peluche plus grand que moi. Les petites filles sont censées aimer les animaux en peluche, n'est-ce pas ? Moi, le soir dans mon lit, je recouvrais mon corps de mon ourson. Ainsi, si quelqu'un venait m'assassiner pendant que je dormais, l'ourson mourrait à ma place.

J'ai écrit plus haut *le travail que papa effectuait pour l'Ingénieur*. À l'époque, je n'en avais aucune idée.

Ce n'était pas mon souci.

1969 a été pour moi l'année de l'ombre infinie.

Nuit après nuit, l'homme sans visage n'en finissait pas de me courir après.

Nuit
après
nuit
après
nuit.

13

Toute ma famille est au bord de la Méditerranée, dans un petit palace de poche typique des années soixante-dix avec grande salle à manger à baie vitrée donnant sur un jardin planté de palmiers et flamboyants, jasmins et bougainvillées, lorsque le MATCH DU SIÈCLE, la demi-finale de la Coupe du monde Italie-Allemagne, a lieu.

La nuit du 17 au 18 juin 1970, mon père – ainsi que des dizaines de millions de personnes dans le monde entier – n'ira pas se coucher.

4-3.

Le lendemain, il n'y a que ces chiffres qui scandent toute conversation dans le monde entier. Rien d'autre n'existe que cette victoire dont le mythe s'échafaude déjà.

4-3.

Les noms des joueurs riment avec Hosanna au plus haut des cieux, Bonimba pour Boninsegna, Abatino – petit abbé – pour Gianni Rivera, et bien sûr Rombo di Tuono, Roulement de Tambour, pour Gigi Riva, dont on entend la puissance dans les astres avant que cela se déchaîne sur Terre.

Mon frère Jacob est sous emprise. On dirait qu'on lui a soufflé de l'hélium dans le cerveau. Il joue toute la journée l'action de son héros en la commentant à voix basse, *A questo punto si scatena Rombo di Tuono – Rivera lancia Domenghini sulla sinistra. Cavallo pazzo vede il suo compagno rossoblù qualche metro più avanti e lo serve. Gigi non si fa pregare, si aggiusta il pallone e da fuori area scarica a rete un sinistro chirurgico che Maier non riesce a neutralizzare*. À ce stade, Rombo di Tuono explose : Rivera lance Domenghini sur sa gauche. Cheval fou s'aperçoit que son compagnon rouge et bleu n'est qu'à quelques mètres de lui et le sert. Gigi ne se fait pas prier, il ajuste le ballon et de l'extérieur de la surface il envoie un tir du gauche chirurgical que Maier est incapable de capter.

Et c'est GOAL !

4-3.

Nous sommes à un tournant historique, si les Azzurri ont gagné, alors l'Italie peut relever la tête, et tant pis si Gianni Brera, le poète philosophe du foot, trouve que finalement c'est une *partita* sauvée in extremis par la magie des prolongations, plus une pièce de théâtre avec ses martyrs, tel Beckenbauer qui joue avec l'épaule et le bras gauche bandés, qu'un vrai bon match. Il a beau se plaindre d'un *catenaccio,* d'une défense verrouillée, pourtant inexistant, il a beau se lamenter que les joueurs se sont traînés plus qu'ils n'ont joué – le terrain de foot est à plus de deux mille mètres sur le haut plateau aztèque, quand même –, personne n'écoute ses jérémiades.

Il n'y a de la place que pour un seul sentiment, et ce sentiment, c'est la jubilation.

4-3.

Même la France, qui a perdu 3-0 contre la Suède dans un Parc des Princes en travaux et n'est même pas allée au Mexique, change d'opinion à propos de l'équipe *azzurra*. Les journaux français qui avaient surnommé la Squadra italienne *la Caisse d'épargne*, tant les Italiens avaient procédé de manière, pourrait-on dire, parcimonieuse, corrigent leur regard.

Regard qui reste néanmoins teinté de jalousie.

C'est fou que l'on distingue aussi clairement, derrière les clameurs du stade, l'histoire qui meut les peuples. C'est fou à quel point ce match annonce une catharsis, revanche rêvée sur l'Allemagne et les blessures de la guerre, même si près de trente ans se sont écoulés depuis la fin du conflit ; des années de reconstruction et de paix.

Gianni Brera disait, *Le football est le plus beau jeu du monde. Malheureusement, ou heureusement, ceux qui l'aiment ne sont pas toujours capables de comprendre ce que c'est.*

Le 21 juin l'Italie joue la finale contre le Brésil – illuminée par les derniers feux d'un Pelé crépusculaire.

Cette nuit-là, j'en profite pour rester dehors ; mes frères ont été couchés de force, moi je me relève dans le noir, me rhabille et sors en catimini. L'hôtel bruit, éveillé jusqu'aux premières heures du jour. Dans le bar en plein air, les hôtes se font servir des coupes de champagne, des grogs, des chocolats chauds, des cafés.

Maman est assise autour de la piscine allumée avec les autres dames – bronzée, pantalon cloche vert pomme, sandales à talons, haut blanc au crochet.

Personne ne fait attention à moi. Je marche jusqu'aux limites du jardin qui se meurt sur les dunes tapissées de fleurs de verre, de lys de mer.

Je suis étendue sur le sable, les vagues mourant à mes pieds, quand explose un énorme NOOOO qui semble provenir de cent mille télévisions, d'un million de transistors en même temps.

À la dix-huitième minute, dans un vol de cygne, Pelé a plané dans les airs où il est resté suspendu, en apesanteur, puis a marqué un but de la tête juste derrière Burgnich, qui dira, Nous avons sauté ensemble, mais quand je suis revenu sur terre, lui, il flottait toujours là-haut.

L'Italie perd 1-4.

Une défaite qui n'égratigne pas la victoire précédente.

Tout ceci, je ne le saurais que le lendemain. La légende du match du siècle est en marche mais moi, la tête entre les bras posés sur mes genoux, je tourne en boucle une question : comment se fait-il que papa ait baissé la culotte de mon maillot, puis, s'apercevant que des gens l'ont vu, se soit mis à rigoler, imité par tout le monde autour de nous, alors que rouge de honte je me rhabillais de la tête aux pieds ?

Qu'est-ce qui pousse les hommes à être aussi cons – aussi malvenus – aussi impurs, aussi odieux ?

Simple maladresse ? Méconnaissance ?

Mépris ?

14

Dans la maison de Robino, aussi grande qu'une caserne, mon frère Jacob habite aujourd'hui l'étage au-dessus de celui où vit maman.

Après une jeunesse de tombeur, Jacob est lui-même tombé. Amoureux. Lorsque je lui ai demandé en quoi cette jeune femme noire était différente de toutes celles qu'il avait aimées, *passionnément et sincèrement* aimées auparavant (j'en suis témoin, mon frère est plus Casanova que Dom Juan), il m'a répondu, Si je suis loin d'elle, je ne peux pas respirer.

Maman et moi passons en revue les photos – Kali, l'une des jumelles de Jacob, est assise à nos côtés, la chatte Nina ronronne dans son giron. Kali a un peu plus de quatre ans, l'âge de maman quand elle a été adoptée.

Je ressens une grande sérénité, fait assez rare dans ma maison d'enfance pour que je m'en fasse la réflexion, et tandis que mes pensées musardent, la voix de maman me parvient, comme ouatée.

Il faut qu'elle touche mon bras pour que je prête attention à ses paroles, alors qu'elle répète :

— *Checca*. Anita Raggio, la grande amie de *nonna* Ida, tu t'en souviens ?

Comment pourrais-je l'avoir oubliée, maman ? La Léoparde. Ses bracelets de jade, ses fourrures, ses chapeaux. Elle m'asseyait d'office sur une chaise d'enfant à bascule, puis jouait du piano dans sa villa toute verte d'humidité. Un jour, elle a disparu :

— Que lui est-il arrivé, maman ?

— Elle a été internée. En... je ne sais plus quelle année. Quand la bombe a explosé, cette bombe, tu sais ?

— Piazza Fontana. 69.

— Voilà. Anita a tué son mari.

— Elle a... ? Comment ?

— Un coup tiré avec son fusil de chasse, son fusil de chasse à lui, je veux dire. Ils l'ont retrouvée à ses côtés, dans le lit, en chemise de nuit, avec tous ses bijoux, en train de fumer l'une de ses cigarettes qui sentaient la rose, avec l'embout doré. Elle lui parlait comme s'il était toujours vivant, alors qu'il sentait déjà mauvais.

Je voudrais en savoir plus mais Kali, robe rouge, nattes bien dessinées sur son petit crâne parfait, demande du lait chocolaté.

Nina, qui en profite pour sauter sur la table, miaule.

Maman se lève pour préparer le goûter tandis que Kali grimpe sur un tabouret pour être à ma hauteur :

— Je peux te poser une question, Tita ?

Elle pose sur ma main ses minuscules doigts bruns :

— Pourquoi ma peau n'a pas la même couleur que la tienne ?

Je tourne la tête vers la photo de mon père dans son cadre en argent, prise quelques mois avant sa mort. Ce n'est plus le beau gosse de mon enfance, la star aux Wayfarer. Il ressemble plutôt à un homme politique vieille école. Belle chemise. Au cou, une fine chaînette d'or avec une médaille gravée.

Maigre, presque décharné.

La maladie.

Il sourit, mais pas des yeux.

Maman n'a pas changé les fleurs dans le vase en étain ce matin. La rose la plus pâle a perdu ses pétales.

L'après-midi tourne, poudré d'or.

Kali insiste – Alors, Tita ? –, je secoue la tête, la prends dans mes bras, lui pose un baiser derrière l'oreille, entre ses nattes serrées.

On soupire toutes les deux.

Ça se passe dans la cuisine de la maison que tu as construite il y a soixante ans, papa. Une vieille dame juive et sa petite fille noire trempent des biscuits dans leurs bols.

Ces femmes sont exactement ce qui t'a fait peur toute ta vie.

Une juive, une métisse.

Et moi.

Nous sommes là, dans la cuisine paisible, par cet après-midi d'été.

Juste trois femmes en train de boire du lait chocolaté.

15

Une photo moche de moi avec les cheveux frisottés par une mauvaise permanente, polaroid marronnasse, pull informe marronnasse, ah maman, je crois que celle-là, tu peux la jeter.

J'ai treize ans le 17 juin 1974 quand les Brigades rouges *font* leurs premiers morts Via Zabarella, dans l'une des rues que ma grand-mère et moi parcourions la main dans la main.

Tous les matins mon réveil sonne à 6 heures. Depuis la maison, il me faut une heure pour me rendre au Sacré-Cœur. Dans le bus, loin de ceux qui chahutent, il y a un type hirsute à la tête de petit branleur, mais fier, pas comme les autres là, au fond, des boutonneux qui feraient n'importe quoi pour que les filles les remarquent.

C'est Maurizio Cattelan.

Hitler à genoux. La banane scotchée sur le mur. Le WC en or massif.

L'artiste le plus secret parmi les gars à dix chiffres du monde de l'art.

Nous ne nous parlerons jamais. Mais je suis moi-même une fille avec des pulls trop grands et les cheveux sur la figure, alors je l'ai repéré.

En plus, c'est le gars qui a le plus grand nez.

Je fais la connaissance d'un autre garçon mal embouché, Tommaso, qui joue (divinement) de la guitare au conservatoire Cesare Pollini.

Tommaso, un peu plus âgé que moi, est membre du *Fronte della Gioventù*.

Je ne sais pas ce que c'est.

Il m'explique. Il se reconnaît dans les valeurs de la droite radicale nationale-révolutionnaire.

Je ne sais pas ce que c'est non plus.

Alors il me parle de Fiume d'où vient sa famille, une ville entre l'Italie et la Yougoslavie ballottée sur une frontière fantôme, enjeu majeur pour la Société des Nations après la Première Guerre mondiale. Son engagement, me dit-il, vient de là : Les gouvernements successifs perpétuent en Italie une couardise dont les autres États se jouent. Non que ce soit forcément la faute des Italiens pour lesquels, comme chacun sait, *Francia o Spagna basta che se magna*, France ou Espagne on s'en tape tant que c'est cocagne, mais le temps du rachat a sonné, il faut que des jeunes gens *hardis* s'emparent du pouvoir pour faire de l'Italie un pays respecté.

Ses paroles sonnent bizarrement à mes oreilles. J'y entends que l'Italie serait une espèce de femme de mauvaise vie (mais de bon cœur) que la vengeance virile rachèterait.

Je trouve bizarre aussi que Tom soit tombé amoureux de moi. Avec mes pattes d'eph, mes sabots en bois et mes pulls XXL, je suis censée être *de l'autre côté*. Quoique je n'aie aucune idée de ce que sont ces côtés. Tout ce que je vois, c'est ce garçon de vingt ans massacré à coups de poing américain, mort après quarante-huit jours d'agonie, et Margherita Magello, un peu plus âgée que moi, lardée de plus de cinquante coups de couteau dans l'entrée de la maison où elle habitait avec ses parents.

Nous vivons dans un nuage de sang. Nous le respirons, nous en sommes couverts comme d'un voile visqueux. La violence est normale, on ne va pas s'arrêter de vivre pour ça.

Bientôt pour Tommaso et moi il sera question de s'embrasser, mais à un rendez-vous chez lui – ses parents sont absents dans la journée – il me répète qu'on est trop jeunes. C'est sérieux, un engagement, tu vois.

Je claque la porte sans qu'on se soit effleuré la main. Toute cette tarte à la crème sur les devoirs que cela entraînerait. Moi, je voulais seulement voir ce que ça fait d'embrasser un garçon. Pas l'épouser.

Dans l'année qui suit, on comptera 708 actes de violence, 447 attentats, 132 agressions, 129 vols à main armée. Pas en Italie, non. Juste à Padoue. Plus les dévastations des lieux publics et privés, les séquestrations de professeurs et de directeurs d'université. Et les coups de feu tirés dans les jambes de ceux qui incarnent l'ordre établi, juges, hommes politiques, journalistes. On a même inventé un mot pour ça, *jambiser*.

Lorsqu'on *jambise* Indro Montanelli – fondateur du *Giornale*, quotidien conservateur auquel papa est abonné –, je vois aux infos un vieux monsieur aux cheveux blancs rampant sur le trottoir comme un chien écrasé.

Moi, le matin, je cours à travers les jardins publics dont les grilles viennent d'ouvrir, parce que le car de Robino est souvent en retard et je ne veux pas rater la cloche du Sacré-Cœur. Lorsque j'ai le temps, je vais m'asseoir dans la chapelle des Scrovegni, ouverte dès l'aube, décrépite, solitaire. Je dévore ma tartine au beurre sucrée sous la voûte peinte par Giotto en 1300.

À force de rester les yeux levés, le Jugement dernier me donne le tournis.

16

1974. Mon dernier été parfait fut de l'eau de mer transparente, une virée pieds nus sur les chemins tapissés d'aiguilles de pin grillées par le soleil, un vol de nuit sous un ciel de pleine lune.

Au cours de l'hiver, mon corps s'était allongé de plusieurs centimètres ; j'étais plate comme Olive, la fiancée de Popeye, avec des jambes de sauterelle, des bras qu'un homme pouvait entourer de ses cinq doigts, des fesses dures et rondes comme des noisettes.

Mon dernier été parfait – ultime saison avant que le malheur nous incendie.

Papa nous chargea tous dans la BMW bleu nuit et nous emmena en Yougoslavie. Il avait dit merde à l'Ingénieur. Peut-être voulait-il s'en émanciper. Peut-être croyait-il qu'il pourrait sortir de ses griffes. Peut-être avait-il trouvé un levier pour qu'on le laisse partir impunément.

Je me souviens que quelque chose avait changé dans ses yeux.

Il avait la même étincelle que lorsqu'il construisait ses maisons du futur.

Le voyage fut long. Nous passâmes par le Frioul vert et rude comme un mûrier plein de fruits rouges et de feuilles pointues, longeâmes sur des centaines de kilomètres la mer étincelante, nous arrêtâmes dans de petits villages perchés à l'allure de crèches de Noël. Nous mangeâmes des mets étranges, fromages aux noms inconnus, pains aux formes biscornues, poissons grillés à la saveur douce que ma mère, dans les guinguettes où nous nous arrêtions, nettoyait pour nous avec ferveur, lentement, longuement. Pas une arête ne subsistait. Pour Eli, le cadet, elle mâchonnait les morceaux dans sa propre bouche avant de les lui donner. Je garde, de ces moments-là, l'image de mon petit frère tourné vers ma mère, extatique, bec ouvert comme un oisillon auquel elle aurait donné la becquée.

Dans la voiture, nous jouions sans faire de bruit pour ne pas énerver les parents qui, quoi qu'il en soit, étaient d'une bonne humeur inaltérable.

J'ignore ce qui les rendait si gais, mais je me souviens que ma mère était d'une beauté à nous faire trembler, nous, les enfants, de bonheur et de fierté. Quant à papa, il avait minci, sa barbe noircissait son menton et ses joues, et il laissait sa chemise blanche ouverte sur sa poitrine qui bronzait. Nous avions des tonnes de bagages et, accroché derrière la voiture, le cadeau qu'il nous avait dévoilé juste avant de partir.

J'ai une surprise pour vous, nous avait-il annoncé.

Ne les gâte pas trop. Déjà, ce voyage, c'est une folie, avait commenté maman, inquiète, car les cadeaux de papa étaient toujours un peu trop. Trop grands, trop bizarres, trop inattendus, trop difficiles à gérer pour elle, après.

La surprise était un canot pneumatique professionnel. Il nous avait aussi procuré des masques, des palmes, des cannes à pêche, des sacs imperméables. Il n'y avait rien à quoi il n'eût pensé.

Tu sais bien que je ferais tout ce que je peux pour vous voir heureux. Tu sais à quel point vous êtes ce que j'ai de plus précieux.

La nuit, nous entendions nos parents rire tout bas dans les grandes chambres – des *suites*, avais-je appris – que papa réclamait à la réception des palaces poussiéreux que nous rencontrions sur notre chemin.

Notre chemin. Des routes tortueuses qui parfois se réduisaient à des chemins de terre sinuant au milieu de villages abandonnés.

Une fois, nous avions suivi une procession funèbre. Nous, les enfants, avions demandé à descendre de voiture – de toute façon nous n'avancions pas – mais maman, apeurée, ne l'avait pas permis. Le cercueil, je m'en souviens, était ouvert. Nous donnant l'exacte sensation du *mort* ballottant, que nous essayions de voir sans y arriver, car la bière flottait au-dessus des têtes dans le défilé.

Ces gens nous paraissaient bizarres. Habillés comme au siècle dernier. Et ils n'avaient presque pas de dents. Même les jeunes avaient des bouches de vieux.

Le soir, dans l'hôtel, nous avions joué au *mort dans son cercueil*. Celui qui restait immobile le plus longtemps avec une tête d'enterrement gagnait. Mais nous avions eu si peur, après, que nous avons dormi tous les trois ensemble dans le même lit, serré serré.

Je me souviens du duvet argenté sur la lèvre supérieure, les tempes et le long de la colonne vertébrale d'Eli bronzé. Des gags qu'il inventait, des blagues qui ne faisaient rire que lui, des courses en zigzag pour ne pas se faire attraper.

De Jacob, je revois la maigreur, et les lunettes qu'il avait cassées et que j'avais réussi à réparer. Son sourire admiratif quand je les lui avais rendues.

Je me souviens du baiser baveux qu'il m'avait donné sur la joue.

17

Cet été doré, la mer était la plus bleue que nous eussions jamais vue, la pinède vaste et escarpée ; tout en bas des rochers, un phare envoyait ses rayons jusque dans nos lits. Le matin, après le petit déjeuner, nous prenions notre matériel de pêche et partions. Étant l'aînée, j'assumais le rôle de capitaine. Jacob, qui commençait à travailler ses muscles en cachette, ramait. Eli et moi portions les sacs et les déjeuners.

Je n'en reviens pas, aujourd'hui. C'est vrai que nous étions tous les trois bons nageurs, mais comment nos parents pouvaient-ils nous laisser autant de liberté ? Des matinées entières à explorer la côte dans tous les sens, avec juste une gourde et un chapeau. Les poulpes, les étoiles de mer, les crabes roux. Les hippocampes, mes préférés. Les joutes, les compétitions. Les bras, les jambes qui forcissaient, brunissaient. La puissance de nos cœurs battant dans nos poignets, quand nous nous reposions au fond du canot après les jeux, les cheveux pleins de sable, peau moite de sueur, yeux fermés.

Je donnerais cher pour accéder à mon disque dur interne. Que j'aimerais nous entendre discuter, nous marrer ; pourtant, nous pouvions aussi être sévères comme des juges.

Je nous vois descendre le canot sur la plage en file indienne, parfaitement organisés, rames, palmes et masques bien rangés, nous asseoir chacun à notre place et partir à l'aventure.

Souvent nous chantions – *Belle et Sébastien, Flipper le dauphin, Corsaires et flibustiers*. Maman nous avait appris à siffler, l'un de nous accompagnait le chant en tapant dans les mains ou sur les rebords du bateau.

Aujourd'hui encore, je ressens ce frisson délicieux – inconnu et danger. Et aussi, je vois, étendue sur nous comme une voile blanche, l'aile de cet ange qui n'a pas laissé qu'il nous arrive quoi que ce soit de mauvais.

Quand je n'étais pas avec mes frères, je traînais avec mes nouvelles amies milanaises, belles et chic, un peu plus âgées que moi, toutes deux avec de longs cheveux, noire la chevelure de Natalia, brune avec des mèches celle de Monica. Le père de Natalia était un magistrat qui enquêtait sur des affaires de terrorisme, Monica était la fille d'une femme de joie, entretenue par un monsieur âgé. Heureusement, mes parents avaient à ce moment-là autre chose à faire qu'investiguer le pedigree de mes amies.

Le soir, nous descendions au phare, où des jeunes gens jouaient de la guitare et flirtaient. Nous, nous mations. Mes copines étaient en avance sur moi, elles avaient leurs règles et leurs seins pointaient.

Elles s'échangeaient de temps à autre des œillades qui ne m'échappaient pas. Et parfois, lorsque je sortais de l'eau tandis qu'elles discutaient, elles s'arrêtaient de parler.

Moi, j'étais coiffée à la garçonne ; pas de seins, pas de règles. Je m'accrochais à l'enfance, encore un peu. J'en profitais.

Eli aussi. À huit ans, il s'était fait pécho à poil dans notre chambre d'hôtel avec la sœur de Monica, quatorze ans et demi.

Eli nous a raconté, par la suite, qu'il avait découpé le catalogue du Louvre, ne gardant que les seins et les fesses des statues et des femmes nues représentées dans les tableaux. Mais un sexe sans rien autour ne voulant rien dire, il s'était organisé pour en étudier un vrai, de près. Un vrai, c'était forcément celui d'une grande, pas d'une fillette de mon âge, avec laquelle il prenait encore son bain le samedi.

Aucun intérêt.

Je le comprenais.

Les parents, entre un *gamberone* grillé et un verre de vin, n'avaient pas moufté. Le soir, ils se retrouvaient autour d'une table préparée pour « les grands » au bord de mer, où ils restaient jusqu'à la nuit noire à regarder les étoiles filantes – et à boire un peu plus que de raison.

Fin juillet, nous sommes repartis. Papa nous a emmenés tout droit dans son refuge de montagne, à Fleres.

Là, il était heureux comme nulle part ailleurs. Il escaladait le Tribulaun, 3 097 mètres de roche nue surplombant le hameau, charmant comme une carte postale du siècle passé. Il partait aux champignons, lisait le journal dans un transat au milieu d'un immense champ de pavots. Ne faisait rien. Ou la sieste. Ou les mots croisés.

Le bonheur entre mes parents persistait.

Nous dormions dans une mansarde au dernier étage d'une pension de famille, la Heidi Gasthaus – ça ne s'invente pas. Assise sur la terrasse, le matin, j'observais par les trous en forme de cœurs de la palissade les hirondelles dans leurs nids. Elles m'effleuraient presque le visage en s'envolant quand je m'approchais trop près. Elles trissaient dans des cieux rouges le soir, alors que l'odeur de trèfle humide et de knödels montait jusqu'à moi. Je descendais dîner, puis je filais jouer avec les chatons dont une maman chat avait accouché dans la remise à bois.

C'est l'un de mes derniers souvenirs de paix.

Abel est né au mois de mai, au printemps. Juste neuf mois après.

18

Je rentre à l'improviste dans la cuisine – où sur une chaise trône le coffre aux photos ; quelques-unes jonchent le sol. Froissées, déchirées.

Je ne sais pas pourquoi maman pleure, je ne comprends pas ce qu'elle dit. Elle sanglote comme une perdue, je lui prends la main, elle s'échappe. J'ai peur, je lui cours après, Enfin, que se passe-t-il, maman ? Quelqu'un est mort, quelqu'un a été blessé ? Dis-moi.

Elle pleure encore plus fort, je ne sais pas quelle tête je fais, elle me regarde et sourit et rit et pleure, est-elle folle, est-ce grave, dois-je appeler notre médecin de famille, je lui propose une camomille, un café, j'improvise une sorte de ballet, je tourne sur moi-même trois fois, embarrassée, tout cela, je ne le contrôle pas, et elle rit une nouvelle fois entre les larmes et me dit :

— C'est juste que je regardais vos bouilles d'enfants, je ne sais pas où ce temps a filé, soudain j'ai été à la fois une jeune maman dépassée et une vieille femme qui ne vaut plus rien, vous êtes adultes maintenant, et moi, je vais mourir, le plus tôt sera le mieux, vous serez débarrassés.

Je lève un sourcil. Elle continue, un ton plus bas :

— La vieillesse ne me réussit pas.

Et elle éclate de rire de nouveau. Je lui demande :

— Pardon, je ne te suis pas, pourquoi tu ris maintenant ?

— Tu fais la même grimace qu'à tes huit ans.

Et là, je me souviens. De ses crises de larmes, des moments où elle n'en pouvait plus de nous, d'être une mère, d'être une femme, d'être enfermée dans un rôle écrit d'avance sans qu'elle puisse y changer quoi que ce soit, avec des enfants en bas âge dépendant d'elle toute la sainte journée, et où était mon père dans tout ça ?

— Ton père partait travailler et revenait parfois très tard le soir, ou pas du tout. Un jour je vous ai enfermés à clé pour aller m'acheter un sandwich, au magasin d'alimentation j'ai demandé le plus gros, j'y ai fait ajouter des tranches de mortadelle et je l'ai dévoré hors de votre vue, je n'étais pas obligée de partager, pas obligée d'attendre que vous ayez terminé pour manger, enfin, moi aussi.

Elle guette ma réaction. Je la ferme – hermétiquement. De toute façon, que lui dirais-je ?

Que je n'ai pas des mômes parce que j'aurais eu envie de les tuer mille fois, et de me tuer après ? Au bout d'un moment, je me hasarde (une souris allant chercher un bout de fromage dans un piège ne serait pas plus délicate que moi) :

— Je n'ai pas eu d'enfants, maman, alors je ne sais pas ce que ça fait.

— Comment aurais-tu pu avoir des enfants, toi ?

— Parce que je suis trop égoïste, c'est ça ?

— Ma chérie (ça y est, je me méfie). Bien sûr tu es égoïste et, sincèrement, je ne désapprouve pas. Mais ce n'est pas pour ça que tu n'as pas eu d'enfants, à mon avis.

C'est elle qui me prend la main, maintenant. Je ne la lui ôte pas :

— Tu crois que je ne le sais pas, par quoi tu es passée ?

19

Été 1975. Dès la fin de l'école, papa nous avait envoyés à Asiago, plateau entouré de douces montagnes non loin de Venise, d'où étaient originaires les grands-parents maternels d'adoption.

Papa resterait la semaine en ville pour travailler, ne revenant nous voir que les vendredis après-midi.

Du fromage et une pomme dans ma sacoche, je filais après le petit déjeuner, traversant les prés où les balles de foin n'avaient pas encore été rentrées.

Dans la forêt, je m'allongeais sur les feuilles de l'automne précédent. J'ai encore dans le nez l'odeur de ces murets de pierres qui bordent les chemins et qu'on appelle, je ne sais pourquoi, *latte*, lait. Et aussi celle de lichen et de bouse de vache, le fumet de champignons dans l'écume des mousses où, entre un chapitre et l'autre du livre que je lisais, je plongeais mon visage. Puis je me retournais sur le dos et me perdais dans le ciel au-dessus de moi.

Le bleu m'éblouissait.

Souvent j'emmenais mon frère Abel dans mes balades. Je m'étendais dans les prés mouillés par la rosée. Je regardais passer les nuages.

Encore maintenant, je ferme les yeux sur cette joie aiguë, la joie profonde d'être vivante. Encore maintenant, je suis cette fille à la lisière de l'enfance qui croit que tout est possible. Qu'elle s'en ira à Paris après son bac et réussira son entrée à l'École normale et continuera de lire et d'étudier parce qu'il n'y a que ça qui lui plaise, et écouter les Beatles et la musique classique, et un jour elle sera écrivain, car les écrivains sont comme les anges, un peu sales et sans ailes, mais des anges quand même.

Le bel été était là. L'automne serait doré.

Un matin, j'avais suivi un gros chat roux jusqu'à l'arrière-cour d'une ferme. Il s'était arrêté devant le portail de l'étable où un garçon trayait des vaches. Autour des seaux mousseux se tenaient une quinzaine de chats de toutes les tailles et de toutes les couleurs, à l'affût de la moindre éclaboussure. Au bruit que j'avais fait en m'approchant, les chats avaient tourné la tête vers moi, pour se désintéresser aussitôt de ma personne.

Silencieuse, je m'étais accroupie. J'étais partie avant que le garçon ne s'aperçoive de ma présence.

Je n'étais pas timide.

J'étais sauvage.

Ce devait être un bel été, le plus bel été. Les chemisettes de mes frères et mes robes brodées avaient été lavées et étendues sur le fil. Parce que j'avais été la première de ma classe, papa m'avait fait cadeau d'une radio portative. Elle était vert kaki, avec de gros boutons.

Je pouvais écouter le monde entier.

À l'heure du dîner, la table était dressée sur la terrasse en bois ; j'essuyais mes mains sur mon bermuda taché, la résine collait à mes doigts, mes deux frères et moi terminions nos assiettes tandis que maman allaitait le petit.

J'avais quatorze ans. Je chantais *Stand By Me* et *Take My Heart*, j'avais un jean Jesus taille haute qui devait sa fortune à la publicité *Qui m'aime me suive,* slogan accompagnant des fesses en demi-lune débordant d'un microshort en denim.

J'avais eu mes premières règles au printemps.

Je n'avais toujours pas embrassé un garçon.

Celui qui me plaisait conduisait une moto Morini. Je l'écoutais cabrer son engin tandis qu'il passait et repassait devant chez moi. La seule chose que je savais de lui c'était son prénom, Giovanni.

Je croyais que le bonheur allait durer. Je continuerais d'étudier au collège du Sacré-Cœur de Padoue, au milieu des sœurs en cornette et des professeurs excentriques, je déjeunerais dans le silence de la cantine du monastère en étudiant ma philo (ô les angéliques, bibliques *pasta al pomodoro* des bonnes sœurs) et, à la reprise des classes, le parc du collège m'accueillerait à la récré sous les marronniers. J'aurais des 9 sur 10 partout, je me battrais pour être de nouveau la première de la classe, on raillerait la belle Nico, ses gros seins et ses salopettes roses – jalousie qui se traduisait en moqueries (ce qu'on ne peut pas avoir, on le dénigre).

Martine D., notre rutilante professeure de français, nous tiendrait des cours sur la connerie raciste en général et en particulier – géopolitique partisane rafraîchissante. Des leçons que nos parents désapprouveraient, estimant que ce n'étaient pas là des notions indispensables à notre avenir d'épouses bourgeoises.

Valeria, la plus belle des quatre cents filles du Sacré-Cœur, ferait une tentative de suicide, puis à seize ans s'en irait vivre avec notre professeur d'histoire de l'art, ses parents ayant décidé qu'ils s'en lavaient les mains.

Une camarade délurée aux boucles rousses dont j'ai oublié le prénom me murmurerait des secrets sur son escapade au cours de laquelle elle avait embouti la voiture de son père – qu'elle n'aurait pas dû conduire, étant mineure et sans permis.

Elle avait fait une pipe au garagiste pour qu'il la retape en vitesse : « Un *pompino* de dix minutes, brossage de dents compris », m'avait-elle confié. J'ignorais ce que c'était, mais ça m'avait impressionnée.

La doyenne De Guggemberg, longue tête d'âne, plaisante comme un jour sans pain, me ressasserait saint Augustin à longueur de semaines – saint Augustin que je révérais, mais pas autant qu'Oriana Fallaci.

LA Fallaci, seule journaliste femme dans un monde d'hommes. Son visage de rebelle amoureuse. Ses paupières en virgules d'eyeliner. L'arc dédaigneux de la bouche. Ses bivouacs dans les déserts, ses articles à l'acide : *Que cela vienne d'un souverain despotique ou d'un président élu, d'un général assassin ou d'un leader adoré, je vois le pouvoir comme un phénomène inhumain et détestable. Je considère la désobéissance envers l'oppression comme la seule façon de profiter du miracle d'être né.*

La fois où elle avait ôté son voile devant l'ayatollah Khomeiny, *Puisque les femmes vertueuses doivent selon vous porter ce torchon moyenâgeux, et qu'à vos yeux je ne suis qu'une pute, je l'enlève.*

Si l'on m'avait demandé qui je voulais être plus tard, j'aurais dit, Comme elle.

Je veux être libre.

Mon père arrivait le vendredi au volant de sa BMW couleur nuit aux fauteuils de cuir, sortait de sa voiture en s'étirant, ôtait ses Wayfarer, souriant, souriant largement, content.

Maman lavait ses longs cheveux blonds pour l'occasion. C'était un rituel, mes frères s'asseyaient dans la salle de bains, silencieux, recueillis aurait-on dit, pour la regarder les enrouler dans des énormes bigoudis rose et vert. Tu es la plus belle des mamans, roucoulaient-ils, extasiés.

C'était vrai. Miss Bellissima 1956 et 1957. Après, officiellement fiancée, elle ne s'était plus présentée au concours.

Un papa en Wayfarer. Une maman Bellissima. Trois frères, dont un magnifique bébé. Et l'aînée, amoureuse des chats, des chiens, des arbres, des insectes, des lézards, des oiseaux, de tout ce qui vole, de tout ce qui rampe.

Du monde entier, dont elle ne cessait de s'émerveiller.

Et de son père.

Son père. Longs sourcils noirs se rejoignant au-dessus du nez droit. Cheveux un peu longs, noirs aussi. Lèvres pleines. Longues mains. Jambes d'ancien athlète. Un mètre quatre-vingt-cinq pour quatre-vingts kilos de beau gosse.

Qui peut dire ce qu'est un père pour sa fille ?

Un vendredi matin, avec Abel dans les bras, l'aînée est sortie acheter du lait. Sur sa moto, Giovanni s'est arrêté pour lui parler. Il lui a pris la main. Elle ne l'a pas retirée.

La BMW bleu nuit a surgi derrière le virage. Elle est arrivée à sa hauteur. Derrière le volant, elle a vu les yeux de son père se plisser.

Le petit frère, qu'elle écrasait dans ses bras, a commencé à pleurer.

Dans mes rêves, il y a une ampoule qui clignote, puis s'éteint.

D'autres fois, l'ampoule reste allumée et se balance au plafond.

Ma mère sanglote, Abel est rauque à force de hurler dans son berceau.

Jacob et Eli ne bougent plus, serrés l'un contre l'autre comme deux chatons.

Papa debout, appuyé contre le mur, cache sa tête dans ses poings qui tremblent, se bouchant les oreilles.

Assise au milieu de la pièce dévastée, *les nattes collées de sang, les vêtements déchirés*, je suis la seule qui ne pleure pas.

20

Je déjeune avec ma mère et mes frères (Abel n'est pas là), Jacob et Eli à table disent les mêmes choses que toi, papa : *Je préfère un fils mort à un fils voleur, Tu nous fatigues avec tes conneries communistes, Quand on a donné le droit de vote aux femmes, elles ont voté en masse pour la Démocratie chrétienne conseillées par leur curé, voilà ce que les femmes connaissent en politique, Arrêtons de croire que les gens ont tous les mêmes droits, Les gitans méritent ce qui leur arrive, Mussolini a fait des bonnes choses aussi*, tu vois, tu as gagné, la haine banale d'autrefois se transmet de génération en génération, bravo papa, tes fils prennent la même route que toi, récusant ce qu'ils abritent de meilleur pour suivre ta trace, celle d'un fascisme ordinaire qu'on appelle populisme ou néofascisme, même s'il n'a rien de neuf.

Je regarde ta photo, papa, où tu trônes non loin de ce tableau signé Romano Mussolini. Le fils du Duce a peint un tronc d'arbre foudroyé. J'aimerais bien savoir combien tu as payé cette croûte. On ne peut même pas la revendre, j'ai regardé sur Internet, elle vaut aujourd'hui dix euros.

Il y a toujours des fleurs fraîches devant ton sourire, papa.

C'est cette image-là que maman a choisie pour ta tombe. Ce matin même, elle m'a encore reproché de ne pas l'accompagner au cimetière. Je ne savais pas s'il fallait rire ou pleurer. Elle a ajouté, *Je ne sais pas ce que ton père t'a fait pour que tu sois si rigide, si fanatique*.

Vraiment tu ne sais pas ce qu'il m'a fait, maman ? Ni toi ni tes fils ne savez ce que papa a fait ou – juste – vous ne vous en souvenez pas ?

Et cette fois, maman, cette fois tu ne m'as pas lancé à la figure, *C'est peut-être toi qui provoquais ton père, tu n'es pas irréprochable tu sais*, et finalement je n'avais plus envie de rire, j'ai murmuré, *La porte de ma salle de bains était défoncée, celle de ma chambre était renforcée par des barres en fer après qu'il l'avait fracassée pour la troisième fois,* mais je n'ai pas dû le dire avec assez de conviction, ou alors vous devenez tous sourds quand je parle de ça, et moi aussi, il faut croire que je ne crie pas assez fort pour m'entendre moi-même.

Toi, tu sais, papa, tes coups de poing tes coups de pied, ce n'est pas la douleur physique le plus grave, les bleus pâlissent, le nez cesse de saigner, aujourd'hui encore je me penche sur la jeune fille que j'étais, quarante kilos et des nattes, l'homme au-dessus d'elle, quatre-vingts kilos de beau gosse, j'explore l'instant qui se dérobe, je m'approche pour mieux observer :

La violence, c'est le fascisme.

Le fascisme, c'est le père.

L'ampoule nue oscille.
Suspendue au fil électrique
elle se balance au plafond.
Lumière/ombre/lumière.
Ombre.

Tout le monde pleurait, sauf moi. Tout le monde a oublié. Sauf moi.

Année 1975, désespoir.
L'enfer – et le sang.
Et le sang.

21

Le fascisme, je tiens à le répéter, n'a même pas été, au fond, capable d'égratigner l'âme du peuple italien, tandis que le nouveau fascisme, grâce aux actuels moyens de communication et d'information (surtout la télévision), l'a non seulement égratignée, mais encore lacérée, violée, souillée à jamais. L'Italie pourrit dans un bien-être fait d'égoïsme, de stupidité, d'inculture, de commérages, de moralisme, de soumission, de conformisme : se prêter, contribuer à cette pourriture c'est, aujourd'hui, le fascisme.

Pier Paolo Pasolini est toujours utile. C'est un oracle ; mieux, un oracle mort.

Papa détestait authentiquement Pasolini. Je ne lui ai jamais demandé la raison, tellement cela me semblait évident : parce qu'il était communiste et pédé. Parce qu'il s'arrogeait le droit de remettre en question le sacro-saint système. Parce qu'il faisait des films sur Jésus – et le sexe. Deux sujets qu'il ne fallait pas toucher.

Pour papa, tout ce qui n'était pas fasciste était communiste. J'essaie de comprendre pourquoi il ne pouvait fonctionner qu'à la haine. Certes, tous ses amis étaient homophobes. Certes, il venait d'une classe sociale dite inférieure, et il lui avait fallu arracher de force son éducation et sa formation.

Il était frustré, il se sentait lésé. Le mot *intellectuel* ne pouvait que le faire grincer des dents.

Je questionne à ce sujet maman, qui me répond, Je n'aime pas me souvenir de choses laides de ton père. Le matin où on a annoncé la mort de Pasolini à la radio, il a commenté, *Cet emmerdeur, il l'a bien cherché*. Le reste, Checca, ce ne sont pas *mes vérités*, alors je fais comme si je ne m'en souvenais pas.

Maman. Je ne sais jamais si c'est une tigresse éprise de liberté ou le jésuite le plus casuiste qui soit.

De toutes les postures pasoliniennes, ma préférée demeure celle du poète mélancolique des *Cendres de Gramsci, Je m'en vais, je te quitte dans le soir qui, malgré sa tristesse, tombe si doux pour nous, vivants, dans sa clarté cendrée – Me ne vado, ti lascio nella sera che, benchè triste, così dolce scende per noi viventi, con la luce cerea.*

Pour le reste, Pasolini reste *scomodo*, inconfortable, poil à gratter d'une conscience morale et culturelle qui aimerait mieux le crucifier sur le parfait autel d'une sacralisation sans odeur et sans saveur plutôt que continuer d'en subir les critiques visionnaires, acerbes et hors de contrôle.

Est-ce qu'un jour nous saurons qui l'a fait taire pour toujours ? Est-ce qu'on va encore me répondre, Ces vieilles histoires n'intéressent plus personne, il faut regarder devant soi ?

Et au-delà du symbole, l'homme. Dont on a dit qu'il avait dragué le mauvais garçon. Qu'il aurait tenté de le violer, et que le môme s'est rebellé. Mais Giuseppe Pelosi, que l'on appelait la Grenouille tant il était chétif, quarante kilos chaussures comprises, aurait été infoutu de réduire Pier Paolo Pasolini, coutumier de la castagne de rue, à ce corps en charpie que l'on retrouva près d'un terrain de foot, boue et sang mêlés.

Alors juste un *finocchio*, un homo massacré sur une plage déserte le 2 novembre 1975, sans que, après toutes ces années d'enquêtes inabouties, les vrais coupables soient identifiés ?

Arrêtons de le plaindre, il l'a bien cherché.

Pasolini, qui aurait voulu être footballeur.

Pasolini, qui avait choisi d'être la chienlit.

Pasolini qui proclamait, *Je sais* :

Je sais les noms des responsables du massacre de Piazza della Fontana le 12 décembre 1969.

Je sais les noms des vieux fascistes organisateurs des coups d'État et des néofascistes, les auteurs matériels des premiers massacres – dont Portella della Ginestra, et des massacres plus récents.

Je sais les noms de ceux qui ont géré la stratégie de la tension.

Je sais les noms de ceux qui, entre une messe et l'autre, ont donné les moyens et assuré la protection politique des vieux généraux, des jeunes néofascistes, des néonazis, et enfin des criminels communs.

Je sais tous ces noms et je sais aussi tous ces faits – attentats aux institutions et massacres – dont ils se sont rendus coupables.

Je sais. Mais je n'en ai pas les preuves. Je sais car je suis un intellectuel, un écrivain qui suit tout ce qui se passe, qui connaît tout ce qui s'écrit, qui imagine tout ce qu'on ne sait pas, ou qu'on tait ; qui relie des faits, même éloignés, qui rétablit la logique là où semblent régner l'arbitraire, la folie et le mystère. Tout cela fait partie de mon métier et de l'instinct de mon métier. Car la reconstruction de la vérité à propos de ce qui s'est passé en Italie après 1968 n'est finalement pas si difficile... mais le courage intellectuel de la vérité et la pratique politique sont deux choses inconciliables en Italie.

Les dossiers les plus récents disent que PPP était espionné par le Sid, le service de renseignement militaire. Ces mêmes années, les Services polluaient et falsifiaient les données sur l'attentat de Piazza Fontana. Peu de temps avant d'être assassiné, Pasolini échangeait des lettres avec Giovanni Ventura, le terroriste noir complice de Franco Freda, lequel, après des mois de prison, semblait vouloir se repentir : Ventura avait commencé à avouer les modalités des premières bombes de la stratégie de la tension.

Il y avait *Petrolio,* son roman inachevé, censé révéler la vérité sur la mort d'Enrico Mattei, le dirigeant du trust pétrolier Eni, l'un des hommes les plus influents d'Italie.

Il y avait les bobines volées de son dernier film *Salò ou les 120 Journées de Sodome,* représentation terrifiante des mécanismes du pouvoir en action.

Je revois avec mes yeux d'aujourd'hui cette fille de quatorze ans que je fus. Mon père pouvait vouer aux gémonies le cadavre encore chaud de Pasolini, moi je choisissais le camp de Moravia, l'écrivain qui l'aimait comme un frère : *Nous avons perdu un poète. Et des poètes, il n'y en a pas tant que ça dans le monde. Il n'en naît que trois ou quatre en un siècle. Quand ce siècle sera achevé, Pasolini sera l'un des très rares qui compteront. Un poète devrait être sacré. Maintenant, je vous le dis, cette image qui me poursuit de Pasolini fuyant quelque chose qui n'a pas de visage, et qui l'a tué, est une image symbolique de notre pays, l'Italie.*

Fuyant ***quelque chose qui n'a pas de visage***, et qui l'a tué.

Pasolini a été assassiné par une main-d'œuvre criminelle commanditée. Les coupables sont les services secrets en relation avec ceux qui, au gouvernement, n'avaient pas intérêt qu'il poursuive son œuvre de voyant. Je n'ai pas les preuves mais je le sais, *car je suis un écrivain qui suit tout ce qui se passe, qui connaît tout ce qui s'écrit, qui imagine tout ce qu'on ne sait pas ou qu'on tait ; qui relie des faits, même éloignés, qui rétablit la logique là où semblent régner l'arbitraire, la folie et le mystère.*

Je n'ai pas les preuves, mais j'ai passé plus de dix ans à chercher les indices, à les rapprocher les uns des autres, à creuser les pistes, à retourner les cailloux pour dénicher crapauds, punaises et cloportes. Je n'ai pas les preuves mais j'ai écrit plusieurs livres pour dénoncer la collusion entre des « morceaux » d'État et les mafias, les services secrets, les loges occultes, les organisations criminelles. Les lobbys. Les groupes d'intérêt.

L'homme sans visage. Je sais aujourd'hui qui sait.

Un monde qui écrase le cœur de ses écrivains n'est pas un monde qui les mérite.

J'aurais aimé te dire tout ça en 1975 déjà, papa.
Mais j'avais quatorze ans.
Je suis devenue un écrivain.
Ce que tu redoutais.
Ou que peut-être, tout au fond de toi, tu espérais ?

22

Comme on serait attentifs si on savait quel au revoir serait le dernier.

J'ai quinze ans le 6 mai 1976 lorsque, à 21 heures moins deux minutes, mon lit se met à vibrer.

Ce jour-là, un jeudi, il avait fait anormalement chaud. J'étais pieds nus, habillée d'un short à marguerites et d'un T-shirt Fruit of the Loom. Je lisais allongée sur mon lit en écoutant *Supersonic*, mon émission préférée, sur ma radio militaire aux gros boutons. Le DJ de *Supersonic* qui sera le premier à passer Dire Straits en Italie par la suite – mais moi, je n'avais d'oreilles que pour *Hotel California*.

Ce 6 mai 1976, à 21 heures moins deux minutes, donc, mon lit a bougé.

Deux fois.

J'ai soupiré, excédée, puis hurlé à mes frères, Sortez de là, petits cons.

Silence.

Je me suis penchée sous le lit. Une paire de chaussettes, une boucle de poussière.

Personne.

Ma chambre – dans la tour de la Princesse – était au troisième étage de notre maison familiale. Pour y accéder, un escalier en colimaçon, que j'ai descendu prise de vertige en me tenant à la rambarde.

Ma mère lavait les fesses d'Abel dans le lavabo de la salle de bains. Je l'ai observée lui talquer le cul et j'ai dit, Je crois, maman, qu'il y a eu un tremblement de terre. Elle a posé sur moi un regard vide, l'information avait du mal à se frayer un chemin. Elle a encore eu le temps de saisir une couche-culotte, et peut-être cherchait-elle quelque chose à me répondre tandis qu'elle serrait le bébé contre sa poitrine, une longue mèche blonde lui zébrant le visage, lorsqu'un grondement s'est fait entendre. La maison tout entière a semblé se soulever pour s'envoler, aussi légère qu'une feuille dans la tempête.

Maman a crié.

Le grondement a pris de l'ampleur, les lampadaires tournoyaient, les pampilles en cristal s'entrechoquaient avec une violence telle que certaines se sont décrochées et brisées sur le plancher. Les verres, les assiettes ont jailli des armoires dont les portes claquaient, les murs des pièces ondulaient, les casseroles tombaient, maman et moi étions comme paralysées, puis mes deux autres frères ont surgi de leurs chambres, personne ne parlait, de toute façon ce tonnerre venu des profondeurs aurait couvert nos mots. Je me souviens d'avoir pensé que jamais nous n'arriverions en bas de la maison avant qu'elle ne s'écroule. Mieux valait se jeter par la fenêtre, avec un peu de chance on s'en tirerait avec une jambe, un bras cassés, et sinon on mourrait, mais ce serait moins pire que se retrouver asphyxiés sous les décombres de la maison.

Par la fenêtre de la cuisine j'ai vu les platanes dans la cour. Une main géante les arrachait du sol. L'électricité a sauté, les lumières se sont éteintes. Dehors, c'était l'ombre lumineuse d'une soirée de mai, mais dans le salon, on n'y voyait goutte.

Maman m'a attrapée par la main tandis qu'Abel s'accrochait à ses cheveux. J'ai chopé les deux autres frangins. Nous avons formé une chaîne, dévalé l'escalier à toute vitesse, saisissant au passage les grands-parents paternels qui sortaient de chez eux, au premier.

Une fois en bas, nous nous sommes éloignés des murs qui continuaient de frémir comme la corde d'un arc.

Les gens convergeaient de partout. Les maisons dégorgeaient leurs habitants en petite tenue à cause de la chaleur, déjà prêts pour la nuit. L'un des voisins tenait à la main sa brosse à dents, un autre était en slip, les enfants ne pleuraient pas, sauf mon petit frère, qui gémissait tout bas.

Mon père est arrivé. Le Bar Centrale où il jouait aux cartes était au coin de notre rue. Il est resté là, bras ballants.

C'est curieux, ce silence dont je me souviens.

Ce n'était pas de la peur – après coup.

C'était le souffle de la mort.

Nous ne savions pas encore que des centaines de personnes étaient ensevelies sous les ruines des villages. Nous ne savions pas que des centaines d'autres allaient mourir étouffées.

Timidement, tout le monde a commencé à parler. Ce besoin tout à coup de connaître nos états d'âme communs ! La nuit durant, nous sommes restés assis comme des clochards près de nos habitations devenues menaçantes.

On a baptisé ce tremblement de terre l'*Orcolat*, le passage de l'ogre. C'est devenu un *flash bulb* : tous ceux qui peuvent s'en souvenir savent ce qu'ils faisaient ce 6 mai 1976 à 21:00:12. Comme on se souvient de ce qu'on faisait au moment où les tours jumelles se sont écroulées, et, plus loin dans le temps, quand Kennedy a été assassiné.

Aujourd'hui encore, dans les villages reconstruits à l'identique, certaines pierres sont marquées d'un numéro bleu.

Ceux qui s'y rendent pour la première fois demandent, C'est quoi ces numéros ? Qu'est-ce qui s'est passé ?

Et il y a toujours quelqu'un pour murmurer :

La Terre a tremblé.

1976, c'est aussi l'année où l'on brûle les pellicules du *Dernier Tango à Paris*, de Bernardo Bertolucci : la dernière fois que mes parents sortent se faire une toile. Puisque le cinéma célèbre des valeurs décadentes, alors ils ne mettront plus les pieds dans une salle. (En réalité, papa, choqué par la scène du beurre, nous le prohiba à tous, maman comprise, interdiction à laquelle, à partir de ce moment-là, émoustillés et curieux, nous nous fîmes un plaisir de désobéir.)

Toujours en 1976, Renato Curcio, chef historique des Brigades rouges, retourne derrière les barreaux. Après son arrestation, le leadership des BR passe dans les mains de l'aile militariste radicalisée, ouvrant la saison la plus sanguinaire des années de plomb, dont l'acmé est l'assassinat d'Aldo Moro, ancien président du conseil des ministres.

En 1976, ça fait deux ans que ma propre saison sanguinaire a commencé.

23

Si juste avant que le couteau s'enfonce j'avais le temps d'une dernière pensée, vers quel souvenir me tournerais-je ?

Assise à côté de mon père dans la BM, vitres baissées et pieds nus posés sur le rétroviseur, je regarde le ciel.

C'est à ce moment que ma vie bascule. Pourtant, il ne se passe rien d'exceptionnel. C'est l'été, un début d'après-midi chauffé à blanc, sur une route déserte bordée de pins parasols dont la cime se balance dans l'air embrasé.

Nous nous sommes arrêtés pour consulter une carte. Enfin, mon père l'étudie, tandis que moi je souffle à l'intérieur de mon T-shirt pour sécher la sueur.

Que l'on prenne à droite ou à gauche, je m'en fous. Ma vie va changer, de cela je suis certaine. Ma vie va changer, et je me fous de savoir s'il faut prendre à gauche ou à droite. Pourtant, aujourd'hui, je mesure à quel point cet instant était l'un des plus importants.

Papa et moi sommes seuls sur cette route, comme dans un film de Fellini, avec la mort qui approche sous la forme d'une petite fille au ballon rouge, la vapeur qui monte du macadam et le soleil qui tape sur la carrosserie de la bagnole bleu nuit.

Mon père porte comme toujours une chemise blanche déboutonnée sur la poitrine. Lunettes de soleil noires. Ses mains amaigries sur le volant. Cheveux longs sur le front. Je le trouve vieilli – toujours aussi beau.

Finalement, nous prenons à droite.

Je sors la tête par la fenêtre. Quelques nuages voguent tout en haut.

Des mèches de cheveux volettent dans ma bouche et mes yeux ; je me dis que tout va finir par s'arranger.

Les destinées humaines sont des écheveaux emmêlés. Parfois, on tire sur un fil qui se brise net, et c'est fini.

Parfois, patiemment, le fil se déroule, et l'écheveau se débobine, se lisse, s'allonge.

Se déploie.

S'amplifie.

24

Maman est juive. Je me souviens que, lorsque j'ai annoncé la nouvelle chez moi, un dimanche à l'heure du déjeuner, mes frères ont à peine levé la tête de leur assiette. Quant à maman, elle a acquiescé, et ajouté, C'est bien, mais si tu n'avais pas été en retard, il y aurait encore quelque chose à manger.

Quand, et comment, ai-je commencé à soupçonner ?

Vingt-cinq ans, à peu près. Par un concours de circonstances. Et, encore une fois, par des photos.

Ce n'est pas une longue histoire, elle tient en quelques lignes : pendant des années, j'ai fait la navette entre la France – où j'habitais – et l'Italie. Maman me manquait. Mes frères aussi.

(Mais chaque fois que je revenais à la maison, c'était un drame. Une fois, au déjeuner, papa a pris son assiette pour aller manger ailleurs alors que je venais de m'asseoir à table. Il s'est levé en disant, Je ne mange pas avec des putes. Je me suis levée aussi – et je suis repartie. En France.

La même journée. C'est pour ça que ce train, je le connaissais par cœur. De jour comme de nuit.)

Au cours de ces longs trajets, je discutais avec mes compagnons de voyage. En passant par Milan, un vieux musicien qui venait de me raconter sa vie m'a indiqué l'affiche d'un violoniste tout en haut de la gare, à la fin du quai. C'était un jeune homme en noir et blanc, en frac, pris en photo à la Scala. Son nom était écrit en lettres capitales, Aloysius Wollf. Mon compagnon de voyage m'a dit, Ce type, c'était un génie. Il est mort à Auschwitz. On a retrouvé dernièrement ses compositions, c'est à vous briser le cœur. Vous devriez l'écouter.

Quelque chose s'est allumé dans un coin de ma mémoire, mais je n'arrivais pas à savoir quoi. Et puis c'est venu.

La plaquette que maman avait au cou quand elle est arrivée à Padoue, à cinq ans, disait, *Je m'appelle Amanda Pucci*. Mille fois nous, les enfants, lui avons demandé de nous la montrer. Mille fois elle l'avait sortie de sa cachette, en la caressant, émue.

Mais sur la photo d'identité de maman, avant qu'elle prenne le nom des grands-parents adoptifs, il était écrit :

Prénom : Amanda.

Nom de famille : Wollf.

Deuxième partie

Lettres et photos

1

Automne 1943. Gare de Padoue. Amanda, cinq ans, vêtue d'un manteau découpé dans une couverture militaire, un béret en laine qui gratte sur la tête, une tablette en bois autour du cou – *Je m'appelle Amanda Pucci* – regarde autour d'elle sur le quai bondé. Elle a voyagé en train, seule au milieu de dizaines d'enfants que l'on envoie loin des bombardements de Milan, ville où elle est née le 8 octobre 1938.

Un mois avant sa naissance, Mussolini a proclamé le manifeste de la race et les lois fascistes antisémites.

Ma mère se souvient de ce voyage qui a duré toute la journée. Les gares et les alertes à la bombe se sont succédé. On a distribué aux enfants du lait, du pain et de la confiture d'abricots. Aux fillettes, on a donné des poupées de la part du Duce, Benito Mussolini en personne.

Maman se demande encore où elle a bien pu l'oublier, cette poupée aux yeux en boutons de bottine et à la robe rouge dont la couleur restait sur les doigts.

J'aimerais tant savoir avec qui elle a joué, cette fillette vive, drôle, joueuse, intelligente, et ce qu'elle a raconté à ses compagnons de voyage. Leur a-t-elle parlé de sa mère, qui l'avait déposée à la gare de Milan ? Avait-elle vu ses larmes sur les quais ou les lui avait-elle cachées, ma grand-mère biologique qui préférait savoir sa petite dernière loin d'elle, en sécurité, quitte à en avoir le cœur brisé.

Qu'avait-on raconté à Amanda ? Un si long voyage ! À cinq ans !

On lui avait bouclé les cheveux avant de l'habiller de sa robe la plus chaude. De ça aussi, maman se souvient. Et de son petit frère Luigi qui ne voulait pas lâcher sa main. Mais Amanda l'avait retirée et était entrée dans le wagon en papotant avec une autre fillette, à laquelle on avait également bouclé les cheveux et donné une poupée à la robe rouge qui tache les doigts.

À quelques jours près, le 20 octobre de cette même années 43, un autre train s'arrête à la gare de Padoue. Dans les dix-huit wagons à bestiaux on a enfermé mille vingt-deux Juifs, raflés dans le ghetto de Rome deux jours auparavant.

Deux cents enfants font partie du convoi.

Personne ne leur a donné le moindre verre d'eau au cours du voyage. À Padoue, on ouvre les wagons pour la première fois. Une jeune femme a accouché. Il y a des morts. Un vieil amiral très digne, debout sur ses béquilles, tend au SS une lettre de remerciements de Mussolini pour services rendus à la patrie qui, croit-il, lui sauvera la vie. Le SS la lui déchire au nez.

On débarrasse les cadavres. La Croix-Rouge distribue de l'eau. Le train repart une demi-heure plus tard. Il va arriver à Auschwitz le lendemain à 23 heures, mais les wagons resteront fermés encore toute la nuit.

Maman dit qu'Ida court vers elle, dès qu'elle la repère dans cette foule descendue du train, pour la soulever de terre et que cette dame toute de vert vêtue, avec des hauts talons et des basques à son costume-tailleur, un chapeau à plumes de faisan sur la tête, la tâte de pied en cap, comme pour être certaine qu'elle existe vraiment.

Et Gino se tamponne les yeux, cet homme bon, cet homme gentil, ce gentilhomme. (Mon Pulini adoré. Que je t'aime de pouvoir écrire tant d'années après ta mort que tu étais un gentilhomme, dans cette scène qui n'existe plus que dans ma mémoire et dans celle de maman. Que je t'aime, Pulini, d'avoir existé.)

Amanda a toujours une mère à Milan, Via Caianello, au numéro 13. Son frère et sa sœur sont restés avec elle, là-bas.

Y pense-t-elle, grisée par le voyage, traitée en princesse par ses nouveaux parents ?

Elle monte dans la voiture que Gino a empruntée à son riche beau-frère Toni, une Fiat 500 Topolino.

Le voyage des Juifs, de Rome à Auschwitz, dure cinq jours et six nuits. Au matin du 23 octobre, les SS les trient en deux groupes. Dans le premier, huit cent vingt personnes déclarées inaptes physiquement sont immédiatement envoyées dans les chambres à gaz. Le soir, il ne reste d'eux que leurs dents et leurs alliances en or.

Des deux cent une personnes du deuxième groupe, seuls quinze hommes et une femme rentreront en Italie après la Libération.

Le petit château délabré, humide et vert comme une source d'eau où Amanda pose son sac de voyage et prend un bain avec Lili, la bonne, sera désormais sa demeure. Elle y revêt des habits neufs, puis on l'emmène dans le parc, où les statues aux yeux vides entre les haies de buis lui font cacher la tête entre les jupes d'Ida. Dans le poulailler, main dans la main avec Gino, elle jette des graines aux volailles. Ce jour-là, ou le lendemain, un jars la pince au mollet. Gino la soulève de terre et envoie l'animal valdinguer d'un coup de pied. Le maire du village de Robino et sa femme ne peuvent plus avoir d'enfants, après un bébé mort-né et une opération malencontreuse, alors cette petite fille est un miracle.

Une bénédiction.

Tous les enfants du convoi qui avaient l'âge de ma mère sont morts dans les camps de concentration.

2

Mes grands-parents d'adoption Gino et Ida sont fascistes. Comment ne pas l'être en tant que notables d'un village, aussi petit soit-il ? Croient-ils pour autant à la conquête de l'Empire dont Benito Mussolini leur rebat les oreilles du haut de son balcon romain ? Moi qui les ai bien connus, je pense que oui.

Dans le coffre, au milieu des photos des années trente, j'en trouve une où Ida apparaît au premier rang d'une parade de jeunes femmes qui s'en vont trois par trois dans la grande rue du centre historique de Padoue. Au premier plan un char fleuri, pavoisé, orné de symboles du *Fascio*. Derrière, le café Pedrocchi.

Ida est en costume de *massaia rurale* – ménagère rurale : jupe évasée, taille serrée, seins opulents propulsés en avant, double ogive prête à exploser. Parfaite pour la fantasmagorie de l'époque, où la femelle est abondance, soumission comblée, propreté morale et physique. Les sœurs, les mères, les filles des *Fasci* sont les garantes de l'ordre imposé.

Comme le proclame plaisamment Mussolini, on exige trois choses d'une femme comme il faut : qu'elle tienne correctement sa maison et ses enfants, qu'elle obéisse à son mari, et qu'elle porte ses cornes avec dignité.

Sono una bestia, Je suis une bête, ajoute Mussolini.

Margherita Sarfatti, sa maîtresse juive, grand amour de jeunesse du Duce, folle amoureuse de son grand homme, abonde dans ce sens.

Sur une autre photo, Gino et Ida sont en train de se conter fleurette. Ida avec ses dents du bonheur, ses lèvres charnues, ses cheveux jusqu'aux reins. Gino tout habillé de blanc, frêle, un sourire jusqu'aux oreilles. Ils ont l'air si heureux, assis sur des chaises en bois branlantes, dans le décor d'une terrasse de Padoue aux murs délavés. Elle, le buste penché en avant comme une offrande. Lui, les mains sur les genoux, un peu voyou, incliné vers cette femme qui lui plaît.

Ils fixent chacun la bouche de l'autre.

Gino et Ida sont bien nés, bien élevés. Ils vont à la messe le dimanche et professent la bienséance, mettant en pratique le code basique du petit-bourgeois : l'on tient son rang dans sa classe sociale et l'on commande à ses inférieurs, s'attendant à être obéi de la même manière que l'on obéit à ses supérieurs.

Mais que pensent-ils quand les professeurs juifs ne peuvent plus enseigner, quand les pharmaciens, médecins, pilotes d'avion, ingénieurs juifs ne peuvent plus exercer leur métier, quand on ôte les noms des Juifs des annuaires téléphoniques, quand on rachète leurs commerces pour une bouchée de pain ou pour rien, quand les acteurs, chefs d'orchestre, musiciens juifs ne peuvent plus monter sur scène, quand les chercheurs sont obligés d'arrêter leurs recherches, les sportifs les compétitions – quand leurs amis Sivelli sont expulsés de leur magasin, puis de leur maison ?

Ils pensent que la loi, c'est la loi, et qu'il faut s'y plier.

Pour le *bien commun*.

Si tout le monde protestait et demandait des dérogations, on n'en finirait plus.

La loi, c'est le *bien commun*.

Dans le *Manifeste pour la défense de la pureté de la race*, publication du 5 août 1938, il est écrit qu'« il est temps que les Italiens se déclarent franchement racistes, car ils appartiennent à la race aryenne ». Ce sont les mots exacts. Les autres mots exacts sont « les Juifs n'appartiennent pas à la race italienne ». Cela continue, page 16, par un grand article sur les bâtards : « Il faut souligner le tragique aveuglement de la France qui avec ses troupes militaires de couleur se conduit de manière irresponsable. Un parfait exemple en est la Corse et ses garnisons de troupes nègres. Les bâtards nés des unions de femmes françaises avec ces hommes de couleur sont une honte, les caractères aryens étant submergés chez les descendants par les caractères de type négroïde. »

Et les Sivelli, alors ?

Même si, au nom du *bien commun*, on peut finir en prison, puis envoyé en rééducation – le mot *camp de concentration* n'est pas encore dans le lexique –, on les accueillera à la maison, ces pauvres Sivelli, et sssshhhht, petite Amanda, jamais tu n'en souffleras mot à personne, sous aucun prétexte. C'est compris ?

3

Enrico Fermi, prix Nobel de physique 1938 pour la découverte de la radioactivité, fuit l'Italie au moment du décret racial. Ainsi qu'Emilio Segrè, autre Nobel de physique pour la découverte du proton de l'antimatière. Et Salvatore Luria, Nobel de physiologie et médecine. Tous partis aux États-Unis, où ils vont développer leurs découvertes. Quant à Rita Levi-Montalcini, qui sera également Nobel de médecine plus tard, elle est obligée d'interrompre ses études et de se cacher jusqu'à la fin de la guerre.

Mario Capecchi naît à Vérone en 1937. Un an avant Amanda.

Sa mère, Lucy Ramberg, est américaine. Artiste, polyglotte, poétesse, elle a étudié l'histoire de l'art à Paris.

Le père de Mario, Luciano Capecchi, est un fasciste pur jus. Pilote d'avions de chasse, fer de lance de l'armée du Duce.

L'histoire entre ces deux êtres est faite de flammes – et de drapeaux. En deux ans, sans passer par la case mariage, ils ont deux enfants, Marlene et Mario.

Au moment où les lois raciales sont adoptées en Italie, Lucy écrit, imprime et fait circuler des opuscules antifascistes et antiallemands.

Luciano est envoyé en Afrique.

Son avion est abattu dans les cieux de Libye.

Son corps ne sera jamais retrouvé.

Lucy doit se séparer de l'un de ses deux enfants pour que l'autre ne meure pas de faim. Elle emmène Marlene à la gare de Milan et la met dans un train.

Au bout du voyage, un couple l'adoptera.

Elle sait que les SS ne vont pas tarder à lui tomber dessus. Luciano a laissé un tout petit peu d'argent pour son fils, qu'elle envoie à une famille d'agriculteurs. On lui promet de bien s'occuper de l'enfant. Quelques jours plus tard, la Gestapo débarque chez Lucy, qui est déportée à Dachau.

Mario, quatre ans, ne fait pas long feu dans sa famille d'accueil. Il s'enfuit après une énième violence et se joint à une bande d'enfants des rues qui sévit dans la région de Vérone, se nourrissant de déchets, volant tout ce qu'il est possible de voler en ces temps de carême, dormant partout où il est possible de se reposer une nuit sans être violentés, ou assassinés par des plus grands.

Pour du sexe, ou une bouchée de pain.

Ou pour rien.

Cinq années s'écoulent. Les Américains libèrent les camps, et Lucy, qui a survécu, rentre en Italie. Elle n'a de cesse de fouiller l'un après l'autre tous les hôpitaux du nord de l'Italie. Le 6 octobre 1946, jour du neuvième anniversaire de Mario, elle retrouve son enfant – en fin de vie.

Quelques mois plus tard, la mère et l'enfant miraculés montent à bord d'un bateau pour les États-Unis.

Mario, qui ne sait ni lire ni écrire, est envoyé dans une école spécialisée.

En 2007, soixante et un ans après sa fugue d'Italie, Mario Capecchi obtient le prix Nobel de médecine.

Cavalli Sforza, un scientifique proche de Segrè et de Fermi, démontre par une impeccable étude l'inexistence – et même l'ineptie – du concept de race. Commentant la tragédie de cette époque, il dira, *Toutes les cruautés infligées au monde au nom de la diversité raciale ne sont, pour reprendre les mots de* Macbeth, *qu'un conte narré par un idiot, plein de fureur et de bruit, et qui ne veut rien dire.*

4

Dans les années quarante, tous les samedis, Gino et Ida vont au cinéma. Les ciné-journaux glorifient les bersagliers, avec leurs chapeaux à plumes de coq de bruyère, courant au rythme des trompettes. Tandis qu'ils trottent, ils chantent *Faccetta nera*, Petit museau noir, l'hymne de la conquête fasciste dans la Corne d'Afrique.

Maman et moi tombons sur plusieurs photos de grand-père Gino en Éthiopie. Sur l'une d'entre elles, casque blanc et costume de chasseur, il se dresse fièrement, fusil à la main, près d'un petit garçon noir d'une dizaine d'années qui tient un bouquet de flamants roses par les pattes, comme on le ferait avec des poulets.

Dans une autre photo de la même série, Gino pose aux côtés d'une fillette à peine plus âgée que le garçon aux flamants roses.

Faccetta nera – dit la chanson que chantent les bersagliers –, *Notre loi c'est l'esclavage d'amour, Notre devise, Liberté et Devoir, Nous vengerons, nous, Chemises noires, Les héros tombés pour te libérer.*

L'esclavage d'amour dont parle la chanson s'appelle *madamato,* pratique de viol institutionnalisé : les soldats italiens achètent des gamines de douze, treize ans, à leur père – souvent ils en profitent pour négocier un âne ou une chèvre, en même temps, de manière à profiter d'une réduction. Ce n'est pas un mariage, car ces filles n'ont aucun droit juridique. Elles restent à la disposition de leur maître tant qu'il ne rentrera pas en Italie, laissant derrière lui femme et enfants.

Femmes enfants.

Indro Montanelli, le directeur de publication *jambisé* dans les années soixante-dix, le seul journaliste que mon père ait jamais aimé, lors de son séjour en Abyssinie dans les années trente avait aussi acheté une gosse de douze ans. Il en parlait comme d'*un petit animal très docile,* et il ajoutait, *Il ne faut pas faire du sentimentalisme, ces filles, à dix ans, sont déjà formées. Ces gens ne sont pas comme nous, nous nous devons de prendre la mesure de notre fatale supériorité : nous ne pouvons pas fraterniser avec les nègres, il en va de notre civilisation.*

La *civilisation des nègres* se fait par l'usage des armes chimiques : *ambaradan* est un mot entré dans le lexique familier et qui veut dire chaos, désordre, mais si vous demandez à n'importe Italien de vous en expliquer l'origine, ce sera peine perdue. Amba Aradam est le lieu, en Éthiopie, où les soldats du Duce ont tué vingt mille civils au gaz.

Ceux qui ne sont pas morts immédiatement ont été finis à la baïonnette.

Jamais durant ma scolarité ne seront évoqués ces massacres, le *madamato*, le viol des petites filles, même si Montanelli, tonitruant, s'en vante allègrement dans les éditoriaux de son journal – je me répète, je sais, mais c'est le seul quotidien auquel mon père fut jamais abonné.

La majorité des Italiens continue de penser que nous avons fait la guerre sans nous salir les mains, et qu'au fond nous nous sommes beaucoup mieux comportés que toutes les autres nations sur ce plan. *Italiani brava gente*, Italiens braves gens. Même Mussolini a fait des bonnes choses, disent les néofascistes. *Mais sûrement. Même Staline ou Hitler ont fait construire des ponts, des routes, et même le monstre de Florence dit gentiment bonjour à son boulanger*, dit Roberto Benigni dans le film *La vie est belle*.

Les Noirs, les Juifs.

À *neutraliser*. Il faut régénérer la race. Faire du peuple italien une élite à part entière, digne de la place de choix que l'Allemagne veut bien lui réserver.

Alors les gitans, les Slaves.

Les homosexuels.

Les handicapés.

Les communistes.

Il faut les *extirper*.

5

Septembre 1943. En Vénétie, la situation s'aggrave avec l'entrée des troupes allemandes. Giuseppe Jona, le responsable de la communauté hébraïque de Venise, préfère se suicider que remettre la liste des familles juives entre les mains de SS.

Les deux rafles de Venise, minuscule enclave dans le *sestiere* de Cannaregio près de la gare Santa Lucia, vont avoir lieu au cours de l'hiver. Le lieu est habité depuis le Xᵉ siècle. C'est même d'ici que vient le mot ghetto, probablement une déformation du mot vénitien *getto* ou *gheto – geto de rame –*, qui veut dire fonderie de cuivre.

On emmène tout le monde, y compris les enfants, les femmes enceintes, les vieux. Enfin, ceux qui ne se sont pas cachés. La légende vénitienne voudrait que chaque famille donnât refuge à un Juif. Par dépit, les SS embarquent les hôtes de la maison de repos, même les impotents, et les sujets psychiatriques internés. Les comptes rendus du directeur de l'asile relatent cas par cas les naufragés et les rescapés.

Mais – et ce détail laisse perplexe – ceux qui résistent réellement auront la vie sauve. Car il y a des *fous* qui ne se laissent pas faire. Ils griffent, mordent, s'échappent. Crient, blessent, se battent. Crachent. Pissent et chient sur les SS.

Qui n'aiment pas, mais alors vraiment pas.

Les SS ne sont pas formés pour affronter la gêne, le malaise, la confusion.

Atrocité doit rimer avec efficacité.

Hop hop hop.

Et ils doivent garder leurs uniformes nets, aussi, c'est important à leurs yeux.

Atrocité rime avec propreté.

L'ordure, c'est le Juif.

À nettoyer.

Piero Terracina, qui a réchappé de la rafle de Rome mais, dénoncé avec toute sa famille pour dix mille lires, a été déporté à Auschwitz par la suite, raconte dans une interview télévisée :

Quand on est arrivés au camp, les hommes ont immédiatement été séparés des femmes et des enfants. On a aussi arraché les tout-petits des bras de leurs mères, du moins celles sélectionnées pour rester en vie. Les bébés, on les a jetés dans le camion comme si c'étaient des ordures. On nous a donné l'ordre d'avancer, mais un SS a remarqué que l'une des femmes cachait un balluchon. Il l'a obligée à sortir de la file et à le lui montrer. Tremblante, elle a ouvert son châle noir. Dedans, il y avait une belle petite fillette d'environ six mois. La mère suppliait l'Allemand de ne pas lui faire de mal, elle l'implorait de la laisser rester avec sa petite. L'Allemand lui a retiré le balluchon des mains, a arraché les habits de la fillette et lui a tranché les jambes à la naissance des cuisses. La mère s'est écroulée, morte, aux pieds de l'Allemand. Cette femme était livournaise comme moi, elle s'appelait Berta Della Riccia.

Toute sa famille a été gazée.

6

Ont-ils conscience, Gino et Ida, de ce qui se passe ? Les trains blindés. Les centres de détention. Les camps. Les déportés par centaines de milliers dans toute l'Europe. Savent-ils pour leur petite Amanda ? Gino est un homme politique. Même à son échelon, il a les moyens d'être informé. Il connaît du monde, lui et sa femme font partie de ceux qui, malgré la guerre, continuent de recevoir à dîner, ou pour le thé, et autres pince-fesses civilisés.

À une époque, j'aurais dit non. J'aurais dit qu'à mon avis sa femme et lui ignorent qu'Amanda aurait pu faire partie de ces convois. S'ils protègent par tous les moyens l'enfant précieux, c'est parce qu'il pleut des bombes à Milan. Est-ce qu'ils auraient été si dévoués s'ils avaient eu des doutes sur la judaïté d'Amanda Pucci ?

Les Juives. Des mégères. Sournoises. Qui se croient supérieures à nous, en plus.

Est-ce qu'ils l'auraient accueillie chez eux ?

Les Juifs. Qui volent notre argent. Qui nous dépouillent de nos biens. Des usuriers.

Salauds de Juifs.

Les Italiens d'abord.

Et même sans partager ces idées. Au plus profond des ténèbres nazies, vous risquiez la mort lorsque vous cachiez un *Jude*. La délation était à l'ordre du jour. Encouragée. Récompensée. Une *soffiata*, une lettre anonyme, et vous étiez fait comme un rat.

Or, en tant que maire, Gino n'avait pas que des amis dans le village.

Tandis que j'écris ceci, j'ai une vision de mon grand-père s'éloignant dans le jardin du château, en bras de chemise, son chapeau de paille à la main.

Des hirondelles volent bas autour de lui.

L'air sent l'orage qui vient.

Pourquoi cette image, et pas une autre ? Parce qu'elle résume bien Gino, qui au beau milieu des tourmentes tournait le dos et s'en allait bêcher ses gardénias.

Sa philosophie ultime se résumait en ce mot : *Mah !* C'est ainsi qu'il commentait tout ce qui était laid, incompréhensible, bête. Outrageant.

Jamais je ne l'ai entendu se mettre en colère.

Mah !

Ça laisse une belle marge de réflexion.

Il fut un temps où, chaque fois que je lui disais au revoir, n'était-ce que pour filer à l'école, je me disais que c'était peut-être la dernière fois que je le voyais, et alors je courais derrière lui.

Il ne comprenait pas.

Ou peut-être si.

Nous connaissons si peu ceux que nous aimons.

Nous connaissons si peu notre propre cœur.

Savons-nous de quoi nous sommes réellement capables, en bien comme en mal ?

Mah !

7

Vénétie, 1900. Ma grand-mère Ida naît en 1903 sur le plateau d'Asiago, un cirque de montagnes si proches de Venise qu'au cours de certaines matinées très pures, depuis la Giudecca, l'île en face de la Piazza San Marco, on croirait presque les toucher.

Les deux sœurs aînées d'Ida, Caterina, dite Rina, et Marina, étaient les plus jolies filles du coin, et les plus riches. Quant à Toni, le grand frère, il faisait les quatre cents coups. Ce géant au poil roux était un joli cœur, engrossant paysannes et demoiselles – sans discrimination.

Leur père possédait des écuries, des scieries, des pâturages et des bois. Rina, Marina et Ida, blondes, plantureuses, habillées à la dernière mode, avaient leur carrosse coupé et leur cocher. Coquettes et courtisées, elles jouaient du piano et dansaient le soir au son du gramophone. Un luxe que leur père avait concédé à sa femme Virginia, dont il était amoureux comme au premier jour, et dont les filles profitaient largement.

Les chansons parlaient de roses qui fanent trop vite ; cœur et amour se devaient de rimer avec toujours.

Puis la Première Guerre mondiale éclata. Rina avait dix-huit ans lorsque Alfredo, son mari tout neuf, fut envoyé sur le front.

Marina en avait dix-sept quand elle posta deux lettres. La première était adressée à Adriano, qui lui avait demandé sa main avant de partir à la guerre. Ils se connaissaient depuis qu'ils étaient petits, et Marina l'avait laissé espérer, même si elle était mordue d'Antonio, le meilleur ami d'Adriano.

Dans ses lettres, elle demandait à Adriano de patienter, tandis qu'elle posait un ultimatum à Antonio.

Alfredo, Adriano et Antonio étaient officiers. Les Grands A, les appelait-on. Une photo les montre en uniforme, montés sur leurs chevaux, le poil lustré et la moustache fringante. Qui connaissait les manœuvres amoureuses de Marina ? Qui sait encore quelque chose de ces rencontres croisées ? De ces trahisons. De ces rendez-vous manqués, de ces larmes, de cette folie, de ces baisers volés, reçus, enfuis.

Oubliés.

Dans son expérience conçue en 1935, le chercheur Erwin Schrödinger enferme un chat dans une boîte contenant un dispositif qui peut tuer l'animal – ou pas. Le chat est mort ou vivant – mais depuis l'extérieur on ne peut pas le savoir.

Double causalité, où présent et futur coexistent simultanément.

Quant au passé, comme le chat de Schrödinger, il est enfermé dans une boîte.

Si on approche l'oreille, on peut l'entendre ronronner.

8

Les trois Grands A, Alfredo, Adriano et Antonio, disparurent la nuit du solstice 1918. Dans la bataille du fleuve Piave, plus de cent cinquante mille hommes perdirent la vie. Seul le corps d'Alfredo, le mari de Rina, revint. Dans une caisse de mauvais bois de guerre, toute d'échardes et de nœuds.

Le père de Rina voulut offrir au mari de sa fille un cercueil convenable.

La nuit avant les funérailles, Rina se rendit en cachette dans la salle mortuaire installée dans la scierie, la photo du mariage à la main pour la poser près du corps de celui qu'elle avait aimé.

On la trouva au petit matin errant dans la ville en chemise de nuit, délirant de fièvre, les yeux enfoncés dans des cavités noires, murmurant pour elle-même des mots sans suite.

Elle perdit l'enfant qu'elle attendait.

Jusqu'à l'automne, elle ne parla pas.

Avant l'hiver, l'Italie avait gagné la guerre.

Ida, la plus jeune des sœurs, se maria avec Gino au cours des années folles, vêtue d'une robe si longue que la traîne était encore en haut de l'escalier de l'église alors que le groupe familial s'était déjà réuni en bas pour la photo. C'était un modèle unique, cette robe, toute brodée, avec des manches qui tombaient très loin sur ses doigts, cachant entièrement les mains.

La jeune mariée était coiffée d'une calotte en gaze qui lui donnait un air cha-cha-cha.

Dans le coffret, j'ai trouvé une seule photo de ce mariage en noir et blanc et sépia.

Alors je ne peux qu'imaginer les yeux bleus d'Ida. Qui sourit, dents du bonheur écartées. Gino sourit aussi, de tout son visage, de tout son corps dirait-on.

Ils font la même taille.

Ils ne se touchent pas.

Toutes ces histoires d'amour et de mort, Amanda en est friande. Elle les demande et les redemande à Ida, à Marina, à Rina, qui les lui racontent en gardant pour elles de mystérieux souvenirs sur lesquels l'imagination d'Amanda s'enflamme. Ces contes tissent ses chimères d'enfant. Des beaux garçons morts à la guerre. Des lettres dont on ne sait si elles sont jamais parvenues à leurs destinataires. Des bals qui n'auront pas lieu, des banquets sous les pins majestueux d'Asiago, les tables parsemées de pétales de fleurs.

Les restes d'Adriano et d'Antonio n'ont été retrouvés que soixante-dix ans plus tard par Luciano Scarpa, le médecin d'Asiago.

Non, le passé ne meurt pas.
Il ne passe même pas.
Mais les voiles de mariée disparaissent dans le vent.

9

Printemps 1944. À la fin de la semaine, Gino fermait au public le manoir délabré que l'État lui avait attribué en tant que résidence de fonction, revêtait ses braies en velours à bretelles, sa chemise blanche amidonnée, ses chaussures en paille tressée, posait sur sa tête un borsalino déformé, prenait sa canne à pommeau d'argent et s'en allait donner des ordres au jardinier, mettant volontiers lui-même la main à la pâte. Il excellait dans ce domaine, multipliant les ruses pour tenir les cétoines à distance de ses rosiers, arrosant de fumier les pivoines blanches qui faisaient sa fierté, cherchant sans cesse le moyen de bleuir les hortensias qui s'obstinaient à pâlir sous les gouttières de la cuisine, derrière le puits d'où Lili tirait des seaux d'eau pour le bain d'Amandina, le samedi.

Il rentrait le soir en sueur, heureux, boueux, un gardénia à la main pour Ida qui avait passé la journée à faire ses courses à Padoue, avec ses sœurs Rina et Marina.

Ses occupations d'épouse gâtée.

Le dimanche après-midi, Ida prenait le thé avec sa plus vieille amie, la rebelle, richissime Anita Raggio, dite la Léoparde.

Anita habitait dans une villa dessinée par un architecte émule de Palladio, non loin du château. Sa demeure, remplie de chefs-d'œuvre accumulés par sa famille au cours des siècles, s'enfonçait dans un parc foisonnant. Il régnait dans ces salons somptueux une humidité telle que, disait-elle, il poussait des fougères à l'intérieur du piano. Anita, qui en jouait presque en professionnelle, Anita qui aurait pu entamer une carrière de pianiste si elle n'était pas née femme, et surtout, avec un tempérament de grande amoureuse, s'était mariée avec l'un de ses cousins, Francesco, le fils du frère de sa mère. Très proche, trop proche.

Elle avait, pour cela, obtenu une dispense papale.

Ce mari avait la beauté du diable et le cerveau d'un poulet décapité – ça, c'est encore Anita qui le disait. Mais il y a quelque chose qu'elle taisait – même elle, qui n'avait pas la langue dans sa poche, ne pouvait pas tout avouer. Parfois, elle gardait sur elle une veste aux manches longues. C'est agréable d'avoir chaud, non ? répétait-elle en riant. Amanda, fascinée, suivait la danse cliquetante des bracelets en ivoire et jade lorsque l'amie d'Ida faisait voltiger ses belles mains de pianiste. Découvrant ses poignets. Violets, jaunes, bleus.

Le soir du dimanche, Gino, Ida et Amanda faisaient chabrot, bouillon de légumes au pain sec et un verre de vin rouge, en écoutant l'opéra depuis le gigantesque poste de radio du salon.

La petite Amanda, qui avait passé la journée dans les arbres, invisible et imprenable, n'en faisant qu'à sa tête, attendait avec impatience ces soirées. L'opéra la ravissait.

Parfois, on invitait des voisins, les Luzzatto. Jacopo et Micol.

Amanda était allée chez eux un après-midi. Il y avait un cadenas sur leur radio. Ils ne pouvaient plus tourner le bouton. Elle avait demandé qui l'avait bloqué, et pourquoi ; personne ne lui avait répondu. Mais elle avait entendu Ida murmurer, Les Juifs n'ont même plus le droit d'écouter la radio.

Quand quelqu'un venait écouter la leur, Amanda était autorisée à tourner le bouton tant qu'elle voulait. Même si, de temps à autre, lorsqu'elle tombait sur Radio Londres – dont elle reconnaissait les absurdes comptines –, Ida lui faisait les gros yeux pour qu'elle change tout de suite de station.

Une fois descendue de son chêne, Amanda était lessivée et rendue présentable par l'une des nombreuses Lili qui se succédaient, très jeunes domestiques qu'Ida allait embaucher dans les campagnes environnantes, les prenant à son service et les dégrossissant, leur apprenant souvent à lire et à écrire, et qui, à son grand dam, vers dix-neuf ou vingt ans, rentraient dans les ordres religieux. Elles disparaissaient ainsi, englouties par un couvent du jour au lendemain, et tout était à recommencer.

— Ma bonne amie, disait Ida à la Léoparde, je ne sais comment tu te débrouilles. Tu as les mêmes domestiques depuis des siècles, alors que les miennes me quittent sans arrêt pour devenir bonnes sœurs.

— Moins de vêpres et de rosaires, plus d'argent et de temps libre, répondait Anita. Une fois qu'on a goûté à la liberté, ma chère, on ne revient plus en arrière. Mes Lili préfèrent, à l'eau bénite, le goupillon.

Ida mettait sa main devant la bouche et riait, guettant si des petites oreilles indiscrètes n'étaient pas dans les parages. Amanda, masquée par les rideaux en velours vert de la bibliothèque, un livre à la main et les pieds sur le chien Roll, avait tout entendu. Et n'avait pas compris. Mais ce qu'elle ne comprenait pas, elle le mettait de côté. Elle avait une réserve de questions sur lesquelles se pencher.

De mère en fille, les questions et les réponses se filent entre femmes, comme la plus précieuse des soies.

Pendant ce temps, Amanda jouait, courait dans le jardin, grimpait aux arbres. Apprenait à lire, écrivait déjà son nom en majuscules. Elle avait une dévotion pour Gino, qu'elle appelait Pulini – on n'a jamais su ce qu'elle voulait dire par là.

Mais la tempête se préparait.

Gino et Ida ne viendraient pas à manquer brutalement au cours de ce dernier printemps de guerre. Ni les tantes, ces gentilles fées qui s'étaient penchées sur son petit lit avec des cris de ravissement – mères manquées auxquelles cette enfant tombée du ciel tenait lieu de merveille. Et le chien Roll ne rencontrerait pas le fusil d'un chasseur, ni le soc d'une charrue.

C'est Amanda, Amanda seule, qui ferait face. Les ondes de choc irradieraient tout autour – comme un caillou qu'on lance dans un étang.

Dans un autre passé, je ne serais pas née.

D'eux tous, c'est Ida qui fut, de la maladie d'Amanda, la plus ébranlée.

10

Juin 1944. Les charrettes de foin défilaient sur la route, il fallait rentrer les moissons avant qu'il pleuve, l'orage grondait déjà. Échappant à la surveillance de Lili, Amanda courut derrière une carriole chargée de luzerne. Elle attrapa des brins d'herbe, rit, recommença avec la suivante. Le cheval fit un écart. Le pied droit d'Amanda fut happé par la roue. Elle tomba, la charrette s'arrêta. Lili hurla, le paysan souleva la petite fille qui perdait son sang et ses couleurs. Ida, à la fenêtre de sa chambre, hurla, Gino, qui sortit la tête de la réunion municipale, hurla. Trois doigts minuscules étaient restés à terre, parmi les fétus de paille. La course pour l'hôpital sous l'orage qui avait éclaté, Amanda ne s'en souvient pas. Il paraît que le paysan qui travaillait au jardin ce jour-là l'emmena sur son vélo. L'opération, elle ne s'en souvient pas non plus.

Son état empira.

La fièvre ne cessait de monter. On la faisait descendre en enveloppant le petit corps de draps glacés. Mais où trouver de la glace à ce moment-là ? C'était l'été.

La septicémie, en temps de guerre, est implacable. On essaya tout ce qu'on pouvait.

On attendit, en se relayant à son chevet.

Plusieurs fois, on dit à Gino et Ida de faire venir le curé.

Plusieurs fois, on leur dit que la petite n'allait pas passer la nuit.

Dans son lit tout blanc, Amanda avait rétréci. Il ne restait d'elle qu'un large front pâle où perlait la sueur, et ses yeux cernés qui ne s'ouvraient pas.

Marina et Rina, les sœurs pulpeuses, n'eurent bientôt plus que la peau sur les os. Elles prièrent comme elles n'avaient jamais prié, même du temps où la guerre leur avait pris leurs amoureux.

Gino aussi maigrit de vingt kilos. Il fallut revoir sa garde-robe de maire, après.

Puis Amanda ouvrit les yeux. Demanda un sorbet.

Elle était sauvée.

Les semaines au lit avec les sacs de glace pilée autour du pied, maman s'en souvient bien. La souffrance. La frénésie de gratter des doigts qui n'étaient plus là. Et les larmes d'Ida, sa culpabilité, les prières à genoux dans la chambre de la petite fille. Roll autorisé à coucher dans le lit avec elle, qui mettait son front contre le ventre du chien pour fraîchir sa fièvre. Les tantes Rina et Marina qui lui faisaient la lecture. Les plages de silence et de solitude, à regarder par la fenêtre les saisons qui s'écoulaient, les soirées à sangloter, pourquoi ne pouvait-elle pas se lever.

La première fois qu'on lui permit de se remettre debout. Les premiers pas. La convalescence capricieuse, à manger ces sorbets que Lili lui préparait tous les jours avec la précieuse réserve de glace conservée dans les profondeurs de la glacière naturelle, au cœur du parc.

Amanda guérit, même si elle boitait encore quand elle recommença à aller à l'école maternelle.

Mais l'âme d'Ida ne guérit jamais. Elle, dont les sœurs se moquaient en la traitant de grenouille de bénitier, redoubla de dévotion religieuse. Elle acheta un cœur en argent qu'elle fit clouer aux murs de la chapelle où est conservée la langue de saint Antoine au Santo, la cathédrale de Padoue. Elle y fit inscrire les mots *Per Grazia Ricevuta*. Que promit-elle en échange de cette grâce reçue ? Personne ne le sut, même pas la Léoparde. Elle dormait maintenant dans une autre chambre que celle de son mari. Officiellement, pour ne pas déranger Gino quand elle se levait la nuit pour se rendre au chevet de la fillette blessée.

Amanda se demanda toujours ce qu'on avait fait de ses trois doigts de pied.

Est-ce que Roll aurait pu les manger ?

11

Accompagnée de ses tantes, Amanda allait le samedi après-midi au cinéma de la paroisse. Elle y vit un film sur Maria Goretti, une sainte que l'Église catholique a lâchée entre les pages de ses calendriers périmés, aussi caduque que les météo et les phases lunaires d'il y a cent ans. L'une de ses innombrables béatifications opportunistes, comme on le dirait d'une maladie.

Maria Goretti avait onze ans lorsqu'elle fut poignardée par un voisin de dix-sept ans qui la viola avant de la tuer. Elle pardonna son agresseur avant de rendre son dernier soupir.

Une petite sainte comme l'Église les aime. Pure, docile, sacrifiée.

Pendant une semaine, Amanda désira plus que tout faire carrière dans la sainteté, même si les raisons de cette sainteté lui échappaient, voire, au fond, la révoltaient. Elle aurait dû se défendre, la petite. Mordre, arracher les cheveux, donner des coups de pied.

Enfin, tant pis. C'était sans doute les dommages collatéraux de la sainteté.

Amanda volait le tablier de Lili, le nouait sur sa tête, restait à genoux le plus longtemps possible, les mains jointes et les yeux tournés vers le ciel.

Il ne se passait rien.

Elle s'ennuyait.

Quelque temps après, Amanda vit un film avec Zorro. Décida que ce serait plus amusant d'être le vengeur masqué que cette courge de sainte. Vêtue du manteau noir oublié par une ancienne domestique devenue nonne, elle chevaucha quelque temps un cheval mythique, volant au secours des poules dans leur bagarre infinie contre les jars.

Une photo montre Amanda en train de taper du pied, le rose aux joues, ébouriffée, en bermuda, torse et pieds nus. Lili, fille de ferme dodue et musclée, munie d'un carafon en fer-blanc, verse de l'eau sur les poings que la fillette ferme obstinément.

Elles sont toutes les deux debout près du puits.

Les fenêtres sont grandes ouvertes, vitres et volets, le soleil illumine les pièces, on entrevoit le lourd mobilier et les rideaux en velours.

La porte de la cuisine est béante. Une ombre passe.

L'expression sur le visage de Lili qui tourne la tête, surprise, est floue. La main de celui ou celle qui a pris la photo a bougé.

Au dos de la photo, personne n'a rien écrit.

12

Le 25 avril 1945, un garçon du village qui fréquente l'école à Padoue contemple ses premiers morts, éparpillés autour d'un Tiger encore fumant près des murs d'enceinte de la ville.

Nazzareno est né le 30 janvier 1933. Ce même jour, en Allemagne, un Hindenburg décrépit nomme chancelier un fringant Adolf Hitler. C'est alors – dira-t-on – que la Seconde Guerre mondiale commence.

Pour l'instant, Nazzareno ne connaît Amanda que pour l'avoir vue à l'église. Lui, les oreilles décollées, habillé d'un pull tricoté par sa mère et d'un pantalon dans lequel flotte son corps efflanqué. Elle, ceinture en satin de la même couleur que le ruban dans ses cheveux.

Il plante ses graves yeux noirs dans les yeux curieux de la petite fille qui en perd son rire, ce rire qui sonne haut, rire triomphant d'une fillette fantasque et très aimée. Elle lui demande qui il est. Pourquoi il est habillé bizarrement. A-t-il un frère aîné qui lui passe ses vêtements ? En donnant des coups de pied dans les cailloux, le garçon tourne les talons sans répondre. Mais n'oublie pas.

Souvent, mon père me parle de ces morts. De leurs yeux étonnés, de leurs visages imberbes, du sang qui imbibe leur uniforme.

De la rencontre avec ma mère, jamais.

Cet été-là, Nazzareno désossa le Tiger avec son camarade Romeo. Il trouvait dans les fossés des mines non explosées qu'il faisait briller. Maria, sa mère, avait beau le punir, il recommençait.

Maria était tombée enceinte à seize ans. Elle s'était mariée en toute hâte avec le ventre qui distendait son tailleur gris perle. Avec le père de l'enfant, Giuseppe ? Peut-être bien que oui, finalement, puisque Nazzareno avait les mêmes pommettes, les sourcils qui se rejoignaient au-dessus des mêmes yeux noirs que Giuseppe.

Mais les mauvaises langues n'arrêtaient pas pour autant de s'affairer.

Nazzareno voulait être ingénieur. Maria, qui savait à peine lire et écrire, travailla nuit et jour pour payer ses études. Elle créa un atelier de tricot. Grâce à des emprunts, elle réussit à acheter des engins mécaniques sophistiqués ; elle dessina puis fabriqua des modèles de pull-overs et des robes avec des écheveaux détricotés, car la laine vierge était impossible à trouver. Elle embaucha d'abord trois laborantines, puis cinq, puis neuf. L'affaire tournait rond. Son fils serait le premier de la famille à faire des études, avec une obstination et une intelligence que personne n'avait montrées jusque-là dans cette lignée de travailleurs de la terre plus muets que taciturnes, plus proches de leurs mulets que de toute autre créature. Nazzareno s'éleva au-dessus des siens dans une ignorance des convenances sociales qui lui permit une liberté absolue. Il n'avait aucune idée des limites, du bon goût, des bienséances ou des manières. C'était un sauvageon d'anthropologie. Giuseppe, son père, las de la vie de misère de ses ancêtres et incité par Maria, devint menuisier. La petite famille – Nazzareno resta enfant unique – se hissa un rang plus haut dans l'échelle sociale. Le boom économique allait tomber à point nommé.

Un bon mariage ferait le reste.

Mais Maria n'allait pas laisser une autre femme prendre la place qui était la sienne – la place de la reine – dans le cœur de son fils. C'était elle qui l'avait torché, façonné, élevé. Elle qui avait mangé rage et rats pour payer ses études. Elle avait même gardé ce crétin de mari à ses côtés pour lui donner un foyer. Alors que, par ses appas et sa niaque, elle aurait pu espérer mieux.

Mais si son fils portait le nom de son père, ce nom de serfs de la glèbe, ce nom frustre de Greggio – *Grège, Brut* –, il avait son sang à elle dans les veines.

Le sang d'un dragon.

Le mien.

Toujours cette obsession que j'ai. La transparence du temps. Est-ce que quelque chose nous avertit mystérieusement de ce qui va arriver ? Et même si Amanda et Nazzareno avaient su, cela aurait-il changé ce qui allait se passer ?

Je suis née de la fureur d'un garçon timide et du rire d'une princesse au petit pois. Ç'aurait pu être pire.

Est-ce que ç'aurait pu être mieux ?

13

Printemps 1945. Les Américains étaient aux portes de la ville, les pertes allemandes se multipliaient. Amanda était à l'école quand un officier allemand exigea du maire qu'il cache son unité dans le parc. Les tanks, en entrant dans les jardins, décapitèrent la statue de Flore, endommagèrent le petit salon dans le labyrinthe de buis, roulèrent sur l'une des pivoines de grand-père.

Les soldats dévorèrent les poules. Les jars, imprenables, réfugiés sur les arbres les plus hauts, protestèrent contre la perte de leurs rivales de basse-cour.

L'officier qui dirigeait les opérations était un homme jeune, courtois, parlant un italien d'opéra. Le dimanche soir, il écouta *La Traviata* avec Amanda, Gino et Ida, assis à côté du poêle. Il connaissait les grands airs par cœur. Il leur raconta que son frère était aux États-Unis pour une tournée avec son orchestre lorsque la guerre avait éclaté. Il n'avait pas voulu rentrer en Allemagne. Leur mère, veuve, lui écrivait toutes les semaines, mais ça faisait six mois qu'ils n'avaient pas de ses nouvelles.

Il s'appelait Hohler. Et lui, comment s'appelait-il ? lui demanda Amanda. Tobias, répondit-il. Tobias, quel joli prénom, soupira Amanda. Ida lui jeta une œillade, mais Amanda fit semblant de ne pas la voir.

La 29e Panzergrenadier Falke fut cantonnée dans le parc du maire, mais déjà les Britanniques avaient pris Padoue et fusillé un haut général de l'armée allemande. Lorsque les Allemands s'égaillèrent face à l'avancée de l'ennemi, Gino, Ida, Amanda et Lili s'enfuirent aussi.

Un paysan était venu leur annoncer que toute la famille avait été condamnée à mort pour collaboration avec l'ennemi.

Gino, Ida, Amanda et Lili se cachèrent dans une charrette à foin – ce qui s'appelle partir la paille au cul. Ils rencontrèrent des chemises noires en débandade. Des pauvres hères faméliques. Des femmes parlant toutes seules. Des jeunes hommes en chasse d'on ne savait quoi. Tous ceux que la fin de la guerre jetait sur les routes étaient sur ce chemin. Défaite, confusion, panique, exactions, vengeances de dernière minute, atrocités, actes héroïques aussi. Maman dit qu'elle ne se souvient pas de tout. Juste qu'Ida avait pris avec elle un manteau en fourrure noire, malgré la température clémente, et qu'elle ressemblait à une maman ourse. Ils sautaient dans les fossés à la moindre alerte de Pippo, l'avion qui bombardait les civils.

Amanda tremblait, perdue dans les plis du grand manteau d'Ida.

Roll, le chien, on l'avait chassé à coups de cailloux. Il eût suffi d'un aboiement pour se faire attraper. Mais quelques jours après, il avait gratté à la porte de la pièce où ils logeaient tous ensemble.

Une photo floue du chien à la main, maman regarde ailleurs. Elle dit qu'une grosse somme d'argent avait transité d'une main à une autre.

Qui les avait dénoncés ? Elle ne sait pas.

Qui les avait aidés ? Un partisan de pas même vingt ans, Lorenzo Valdis. Maigre comme un clou, grande gueule, *sciupafemmine* – coureur de jupons devant l'Éternel.

Maman ignore les détails de cette histoire, me répète-t-elle, tandis qu'elle fait tourner un bracelet d'or blanc sur son poignet, travail d'orfèvre brut mais charmant. Je lui demande de l'enlever. Je l'approche de mon visage. Le jonc est tiède, il sent son odeur.

Pelage de chat, miel et café au lait.

Je décrypte un poinçon. LM.

Presque effacé.

14

Le 28 avril 1945, Tobias von Himmstal signa sa reddition aux Américains. Rentré en Allemagne, il fut fusillé par la Gestapo.

C'est ce que Gino et Ida, qui lui avaient écrit pour avoir de ses nouvelles, surent par une première lettre de sa mère. La deuxième lettre leur disait que son frère Hohler, revenu des États-Unis atteint de tuberculose, venait de mourir aussi. Il n'avait pas trente ans.

Ils avaient envoyé les condoléances d'usage, mais la lettre leur était revenue plus d'un an après. Une phrase en allemand barrait l'enveloppe : *Unbekannt unter dieser Adresse.* Destinataire inconnu.

Les horreurs de la paix succédèrent aux horreurs de la guerre, *Victimes à la robe déchirée / Au regard d'enfants perdus*, et Gino réendossa son costume de maire.

Dans le parc, les chars américains avaient pris la place des Panzer allemands. Les Américains disposaient de sacs à dos remplis de toutes sortes de bonnes choses à manger, corned-beef, chewing-gums, et vrai chocolat.

Mais il ne fallait rien accepter d'eux.

Et puis tous ces Noirs. On n'en avait jamais vu au village. Personne n'osait rien dire, ces soldats s'étaient battus et étaient morts pour un pays qui n'était pas le leur. Jusque-là, les Noirs étaient ceux que les colons fascistes avaient soumis – libérés, disait-on – en Abyssinie, en Éthiopie et en Somalie. Et maintenant – suprême déchéance, ironie de l'Histoire – c'étaient eux qui nous libéraient ?

Mussolini était mort déjà. Sinon, c'est la honte qui l'aurait tué.

Un jour Amanda s'approcha de l'un des soldats noirs qui couchaient à même le sol dans le parc. Elle l'observa, cachée derrière les buis. Le garçon avait déboutonné sa chemise et ôté ses chaussures, qu'il avait enveloppées dans sa veste et rangées sous sa tête. Il dormait les bras levés, comme s'il se rendait.

Très doucement, pour ne pas le réveiller, Amanda avait posé sur les paumes de ses mains les cerises qu'elle venait de ramasser.

Puis elle s'était échappée.

Quand les Américains s'en allèrent, elle fêtait ses huit ans.

15

Avril 1947. Le soir, dans le salon, on dîne en écoutant la radio. Amanda a le droit de tourner le bouton.

L'Italie à peine sortie de la guerre entend cette inconcevable nouvelle : en Sicile, le Front populaire vient de renverser la Démocratie chrétienne.

Plumes de roitelet et œufs bleus des geais. Courses à perdre haleine dans les prés, crocus – et ces plaques de glaces où l'on peut faire du patin tant elles sont résistantes. Les jeux vifs, jeux de garçons, grimper aux arbres, saute-mouton, cache-cache sportif, partir de plus en plus loin avec Alice et Loredana. Les petites se racontent des histoires à voix basse, le samedi, seule nuit où elles ont le droit de dormir ensemble. La plus courageuse, Amanda elle-même, part à l'aventure dans le château fermé pour la nuit pour aller récupérer Roll enfermé dans la cuisine, et alors peut commencer le spectacle. On serait des inventeurs, des pilotes, des aventuriers. Avec les oreilles du chien couronné des coiffes les plus bizarres, car Roll joue tous les rôles sans jamais protester – tout au plus avec un grand soupir résigné.

Au matin, Lili chasse de mauvaise grâce le chien qui se cache sous les couvertures et fait semblant de dormir. Elle réveille les fillettes, les débarbouille et les envoie au petit déjeuner. Ensuite c'est la messe, la lecture, les jeux.

Les jeux : ôter les fleurs fanées dans le parc, les jeter en l'air par poignées, dire qu'on est Jeanne d'Arc. Faire à tour de rôle la *brûlée*.

Les jeux : chercher les limaces et les escargots dans le potager. Construire des pistes en sable pour les faire courir. S'en fatiguer – les limaces ne vont jamais où on voudrait qu'elles aillent. Les jeter dans un seau avec du gros sel pour les voir se désintégrer. Avoir honte. Prier sur des tombes minuscules. Réutiliser la piste pour les billes. Perdre et gagner la grosse bleue.

Les jeux : osselets. Avec des cailloux blancs et noirs.

Sauter à la corde, deux qui tiennent les bouts, une qui saute et compte et chante.

Mosca cieca, mouche aveugle, colin-maillard. Saute-mouton. Marelle. Cerf-volant.

Les razzias d'oignons doux en conserve dans la cave qui sent le chou, la saumure, les anchois, le saucisson pendu aux poutres, le vinaigre, l'humidité. Aller à la chasse aux spectres. Avoir très peur. Fanfaronner. Rester la dernière. Apercevoir une ombre qui bouge sur le mur. S'évanouir de terreur. S'échapper sans plus de voix pour hurler.

À Portella della Ginestra, le 1er mai 1947, onze personnes sont tuées et plus de cent autres blessées au cours d'un rassemblement politique.

Le premier massacre d'après-guerre.
Le premier d'une longue série.

16

Petit matin du 1er mai 1947. Portella della Ginestra, Sicile. Le soleil est déjà chaud. Deux mille personnes, hommes, femmes et enfants, certains à califourchon sur des ânes, d'autres à pied, convergent vers la plaine des Albanais, près de Palerme, pour fêter la victoire du Front populaire.

Après les discours, on pique-niquera.

L'orateur est interrompu par un feu d'artifice, comme il y en a tant au cours des fêtes foraines. Puis un enfant voit sa mère tomber de l'âne où elle était juchée. Il l'appelle, la secoue. Et maintenant tout le monde crie. Ça tire de partout, du haut de la colline, du bas aussi, on ne sait pas. Les ânes terrorisés, perdant leur sang en longues traînées sur l'herbe, détalent au milieu de la foule. Les petits se blottissent au sol, protégés par le corps de leurs mères. On court dans toutes les directions, ne sachant d'où vient le danger. Les rafales se succèdent, suivies d'explosions.

Le lendemain, à la radio, dans les journaux, dans les cafés de la péninsule, les bureaux, les maisons, l'on ne parle que de l'attentat. La presse écrit que le célèbre bandit Salvatore Giuliano et sa bande sont les responsables de la tuerie. Onze personnes sont mortes, il y a des dizaines et des dizaines de blessés. Plus de huit cents cartouches vont être retrouvées sur les lieux. Les corps des survivants sont truffés de bouts de métal provenant de grenades. Le gouvernement tonne et menace : le « banditisme féodal » doit être éradiqué coûte que coûte.

Mais quel est le sens de cette boucherie ? Et pourquoi le bandit Giuliano aurait-il tué ces gens ?

Qu'avait-il à gagner ?

Qui est-il donc, ce Robin des Bois sicilien ?

Salvatore Giuliano, appelé Turiddu, est à la fois un haut officier et un brigand. En 1943, lorsque les Américains libèrent l'île, Giuliano forme le premier groupe de guérilleros.

En 1945, il obtient le grade de colonel de l'Armée volontaire pour l'indépendance.

Les Siciliens le révèrent. Le bandit lutte à leurs côtés, se battant contre la loi sur le prix du blé que leur impose l'Italie, cette entité si éloignée de leur réalité.

La mafia le craint, ainsi que le nouveau gouvernement italien, qui ne sait comment s'en débarrasser. Protégé par les siens, Giuliano est inattaquable. Quand on lui envoie un bataillon entier de soldats du nord de l'Italie pour l'attraper, il commence par en tuer le commandant, puis met l'escadron en déroute.

Mais on n'est jamais trahi que par les siens. Gaspare Pisciotta, son cousin, son bras droit et meilleur ami, assassine Giuliano d'une balle dans le cœur, exécution travestie en course-poursuite avec les forces de l'ordre. En échange de cette mort, on a promis à Pisciotta l'impunité pour la tuerie de Portella.

Un mensonge, comme ceux qui suivront.

Pisciotta est emprisonné. Depuis sa cellule, il avoue que Giuliano n'est pas le responsable du massacre. C'est Pisciotta lui-même qui a exécuté le carnage avec un groupe armé spécialisé dans le lancement des grenades et le maniement des armes à feu.

Pisciotta donne à son avocat les preuves de ce qu'il affirme. Le matin des faits de Portella, il avait rendez-vous à l'aéroport avec les anciens miliciens de la X-Mas, faction ultra-fasciste, à peine débarqués de l'avion avec tout leur matériel.

Pendant son procès, voyant qu'il n'a plus rien à perdre et sur un dernier coup de poker, Pisciotta avoue les noms des commanditaires : le ministre de l'Intérieur et le fondateur du Parti démocrate-chrétien sicilien Bernardo Mattarella.

La vérité est un mirage d'eau dans le désert en Italie. Plus on s'en approche, plus elle s'éloigne. Le massacre de Portella della Ginestra ressemble à une répétition d'orchestre, emblématique des attentats qui vont émailler les décennies suivantes.

Gaspare Pisciotta meurt en prison peu après sa déclaration, empoisonné par un café sucré à la strychnine.

L'un des fils du commanditaire du massacre est assassiné par la mafia en 1980.

Son autre fils, Sergio, est l'actuel président de la République italienne.

Le massacre de Portella della Ginestra demeure aujourd'hui encore classé secret d'État.

17

De ce jour à Portella della Ginestra, il reste un film en Super 8, rare pour l'époque. La bande-son est muette, mais les hurlements, on les entend mieux que s'ils avaient été enregistrés. Ils résonnent à l'intérieur du crâne.

Regarder ces images, c'est voir mourir des gens en direct. Les corps se tortillent sur la terre brunie, les bouches se figent en une question sans réponse, puis le film s'arrête – d'un coup.

Je ne sais pourquoi, cela me rappelle *The Falling Man*, célèbre photo d'un homme qui tombe de l'une des tours jumelles le 11 septembre.

Un homme qui meurt, on ne sait pas quand cela commence. Sur la photo, *the falling man* est vivant. Rien ne montre l'impact au sol, seulement la silhouette, genou à peine relevé, l'harmonie de ce vol ordonné et les lignes de l'immeuble derrière lui. En zoomant, on croit apercevoir une barbe courte, des cheveux noirs. On dirait qu'il est jeune, on voit *presque* l'expression de son visage.

Personne ne sait qui il était, ni comment il s'appelait.

Ce corps qui tombe. Vivant au moment où la photo a été prise. Mort quelques secondes après.

Vivant et mort à jamais.

Le chat de Schrödinger.

18

Amanda a treize ans, quinze, dix-sept. La course de *Mille Miglia,* Mille milles, passe sous les balcons du château. Nazzareno est parmi les spectateurs qui s'entassent des deux côtés de la Nazionale pour voir passer les Ferrari et les Aprilia conduites par leurs pilotes légendaires. Mais le regard du jeune homme n'est pas tourné vers la manifestation. Amanda suit la course depuis les grandes fenêtres du salon du château, alors la tête du jeune homme se lève sans cesse.

Il est habillé d'un long manteau aux épaules larges, bien coupé. Les mains dans les poches. Sa mèche sur le front. Les yeux noirs. Plongés dans ceux de maman, là-haut, comme un défi.

Era un po' strano, ma molto bello, dit-elle.

Amanda a dix-huit ans. Twist et rock'n'roll.

Clac. Sur cette photo d'anniversaire, vêtue d'une ample jupe et d'un pull-over à la Audrey Hepburn, taille de guêpe, chignon crêpé et frange courte sur le front, elle prend la pose, assise à son bureau, la tête sur ses bras nus.

Ses longs cils. Son regard rêveur. Sa tendre bouche, son sourire mélancolique.

La pièce derrière elle est remplie de cadeaux. De livres. De bouquets de fleurs. Un nouveau vélo. Un transistor. Rouges à lèvres et vêtements.

Clac, elle souffle les bougies d'un immense gâteau.

Elle hésite entre deux soupirants. Elle trouve Nazzareno sombre, autoritaire, jaloux.

Pauvre.

Il lui fait des scènes.

Son autre *spasimante* est blond, riche, charmant. Séduisant et léger, ajoute-t-elle. Une sorte de grand cerf, gracieux.

Nazzareno, c'est un loup.

Clac. Nazzareno habillé en soldat, assis dos à un olivier. Par terre à côté de lui il y a son chapeau à plumes de bersaglier. Il plonge une cuillère dans une gamelle et lit une lettre étalée sur ses genoux.

Au dos il a écrit, *Je mange pour nourrir mon corps et je lis ta lettre pour nourrir mon âme. À toi pour la vie, N.*

Il y a des promesses qui sonnent comme des menaces, papa.

Clac. Nazzareno pose sa main sur celle de maman pour couper le saint-honoré à dix étages.

Le sourire à fossettes d'Amanda.

Pourquoi ce sourire me fait-il pleurer ?

19

Robino, 30 mai 1960. Le jour de votre mariage, maman, papa, vous êtes nets, noir et blanc, parfaits. L'église remplie de lys. Les cierges qui brûlent par dizaines. La nef ne peut pas accueillir tout le monde. Sur le parvis piétinent en grappes ceux qui n'ont pas pu entrer.

Il pleut. *Sposa bagnata, sposa fortunata.* Mariage pluvieux, mariage heureux.

Romeo, le témoin de papa, est trempé de la tête aux pieds.

Les tantes Rina et Marina en grande pompe. Chapeaux insensés. Sacs et chaussures coordonnés.

Gino et Ida. Des larmes dans les yeux.

Maria et Giuseppe. Endimanchés.

Entre les mains de maman un bouquet de muguet. Sa robe meringue.

Les fossettes sur ses joues.

La chemise de papa. Plus blanche que ça, on ne peut pas. Son costume bien coupé, le pli du pantalon qui tombe – à plomb. Les revers de la veste trop larges.

Ses cheveux noirs sur les yeux.

La lumière sur vos visages. En biais.

Sur les vieux clichés, nos parents ressemblent aux stars d'autrefois.

Clac. Noir et blanc dentelé. Maman appuyée à une balustrade à Capri. Devant, la mer et les splendides rochers des Faraglioni, qu'elle ne regarde pas. Elle fixe le vide, comme pour décourager toute question, même non formulée. Papa pèse sur elle de tout son poids. Il a l'air d'un gros lion. Il la tient dans ses pattes. Elle se serre dans son pull.

Elle ne sourit pas.

Et puis ce portrait où tu es enceinte, maman. Presque la même position qu'à tes dix-huit ans. Les coudes sur la table. La tête posée sur tes avant-bras.

Tes yeux.

Tu écoutais les cloches le dimanche matin, et tu te remémorais le jour de ton mariage, me dis-tu.

Tes fossettes sur les joues.

Tu n'avais pas compris ce qui c'était passé. Mais ce regard, ton regard sur la photo, je le reconnais. C'est cette photo de toi, maman, que je tourne et retourne dans mes mains.

Je t'entends chantonner dans la pièce à côté. Les fleurs fraîches sur l'étagère devant la tête de papa encadrée d'argent. Son sourire tordu, comme s'il n'avait pas le droit d'être heureux. L'armoire qui renferme vos cadeaux de noces. Dont certains n'ont jamais été utilisés.

Les cloches du dimanche. Depuis toute petite, je fourre la tête sous l'oreiller.

J'attends que ça cesse. J'ai froid.

Est-ce que dans ton ventre, déjà, je savais ce qui était en train de se passer ?

Je revois ton regard, maman. Ton sourire qui me fait pleurer.

Tes yeux.

Nos yeux.

Après.

20

Deux des films italiens les plus importants de ces années, *La Dolce Vita* et *Bellissima*, ont pour protagoniste une Maddalena. L'amie du Christ. Son amante, qui sait.

La maman et la putain. Sexe et sainteté.

Anna Magnani a quarante-trois ans lorsque Luchino Visconti la fait tourner dans son troisième film. Elle a des cheveux noirs, des yeux plus noirs encore, *l'air sombre d'une reine tzigane, coups d'œil silencieux, rire rauque qui éclate aux moments les plus inattendus. Elle semble hautaine, ennuyée, pleine de ressentiment, alors qu'en fait, c'est une jeune femme timide qui se dissimule derrière des froncements de sourcils menaçants. Elle est d'une ingénuité et d'une pudeur sauvage, enthousiaste comme une gosse ; ses sentiments sont chaleureux, impétueux, les sentiments d'une vraie femme ; de celles que l'on aimerait rencontrer plus souvent*, se souvient Federico Fellini.

Silence, on tourne.

Anna Magnani s'assoit sur un banc, la nuit, sa petite fille épuisée dans les bras. Derrière elle, un cirque aux guirlandes éteintes. Les yeux noyés de larmes, elle lève la tête, souffle un mot vers le ciel – *Au secours*.

Ce n'était pas dans le scénario.

Visconti l'a gardé au montage.

Au milieu du générique, tout tremblant, le titre : *Bellissima*.

Troisième partie

Bellissima

1

Couchée sur le ventre
Odeurs de terre
Nue
Maman
Salive au goût de lait
Tête qui
Se lève
Lourde,
retombe
Herbe, feuilles écrasées
Mousse
Griffes plantées
Cœur qui bat
Bras tendus
Oursonne, museau dressé
Je regarde le monde
Je le vois.
C'est de cet instant que je me souviens.
Dès cet instant que je commence à exister.

2

On a posé la nouveau-née sur le ventre, dans une clairière tachetée de lumière. On lui a noué un mouchoir sous le menton. Une couverture blanche la protège de l'humidité dans ce bois de pins, *majestueux*, aiguilles lourdes de pluie.

Odeur de résine. D'étable tiède, de foin souillé. L'haleine des animaux dans la forêt. L'écho de la neige aux sommets.

Elle se soulève sur les mains. Oursonne à la tête lourde. Une goutte aux lèvres, salive ou lait. Écarquillant les yeux, elle regarde le monde. Le *voit*.

Son souvenir originel, c'est l'odeur de la terre après l'orage, pure et nue, en ce début d'été.

Son premier été.

L'autre souvenir, c'est le sein rond d'Amanda, café au lait et pelage de chat. Tandis qu'elle pompe le lait maternel, mêlant ses doigts potelés aux mèches blondes, elle observe le monde, sourcils froncés.

Elle ne pleure pas lorsque le curé du village lui verse l'eau bénite sur le crâne en murmurant à sa marraine Loredana, *Renoncez-vous en lieu et place de cette âme aux séductions du mal ?* Sa marraine hoche sa capeline lilas.

Le curé reprend, *Renoncez-vous à Satan, origine et cause de tout péché ?* Sa marraine hoche de nouveau sa capeline de haut en bas.

L'enfant cherche sa mère des yeux. Mais Amanda n'est pas à ses côtés. On lui a ordonné de rester dehors, sur le parvis, car dans cette Italie des années soixante, l'Église considère qu'écarter les cuisses pour son mari est une souillure rachetée de justesse par la naissance d'un enfant.

Quand enfin l'on vient la chercher, elle parcourt la nef un cierge à la main, un voile sur sa figure baissée, en demandant pardon pour ses péchés.

Ses péchés.

Amanda, vierge de corps et d'esprit lorsque mon père l'a épousée.

Ma mère regard figé aux fonts baptismaux où on lui remet son enfant dans les bras.

Pauvres petites poupées.

3

La fillette commence tôt à parler et à marcher. Plus que tout, elle aime courir dans l'herbe pieds nus.

Le parc de son grand-père Gino est son abécédaire, comme il a été, vingt ans auparavant, celui de sa mère. Les lieux n'ont pas changé : la fillette y retrouve une poupée de chiffon oubliée. Comme si sa mère l'avait laissée là, devenue adulte tout d'un coup.

Transparence du temps.

Plus tard, la liberté dont elle jouit lui permet d'explorer, sur sa bicyclette Graziella, les alentours du village. Tous les jours, elle va un peu plus loin. Elle s'amuse le plus souvent seule, ne pouvant supporter autour d'elle des enfants qu'elle trouve moins intéressants que ses livres. Dans l'un de ceux qu'elle préfère, on décrit les plantes, leurs vertus, leurs dangers. Elle goûte aux herbes sauvages, qu'elle garde dans la bouche pour s'en imprégner. Elle herborise, classe, colle sur un grand cahier kraft les fleurs séchées. De son écriture enfantine, elle les répertorie sur les côtés. Elle en fait de grands tableaux sépia ; comme si elle avait sorti ce jeu d'une autre vie, vécue dans les siècles passés.

Souvent elle rêve d'un carrosse qui l'entraîne dans une course éperdue. Elle est toute seule, le cocher la laisse devant la porte d'un relais de chasse au cœur de la plus noire des forêts. Elle franchit le seuil. Tout est rouge, des trophées de chasse sont accrochés aux murs, cerfs et têtes de sangliers, et au milieu de cette entrée, un feu monumental brûle avec entrain, les bûches sont découpées à la hache dans des troncs d'arbres épais. Un large escalier monte à l'étage, mais lorsqu'elle s'y engage, elle se réveille. Front en sueur et cœur battant.

C'est un rêve récurrent, lui dit le monsieur barbu qu'Amanda l'emmène voir. Il ne faut pas en avoir peur.

Elle n'a pas peur. C'est juste qu'on ne sait jamais quand il reviendra, ce rêve-là. Il faut se tenir prête à voir ce qu'il y a en haut du grand escalier.

L'enfance est longue. D'un Noël jusqu'au suivant, on dirait que dix ans se sont écoulés. Dans cet état de grâce, la fillette apprend, écoute, lit, dessine, chante, danse pour elle seule dans les bois. Elle vole des abricots, des mûres, des raisins blancs sucrés. Les lézards lui apprennent la vitesse et la paresse, le goût du soleil et des creux d'ombre. Les papillons, le caractère éphémère de la beauté. Les hirondelles, que l'arrivée du soir est une douceur absolue.

Avant que n'arrive l'homme sans visage.

Que la porte de sa chambre se verrouille.

Que les murs se rapprochent.

Que la colère s'installe.
Pour ne plus s'en aller.

Qui peut dire ce qu'est un père pour sa fille ?
Je t'ai cherché encore et encore, papa.
J'avais besoin de toi.
Savais-tu seulement qui j'étais ?
Savais-tu qui tu étais, toi ?

Qui peut dire ce qu'est une mère pour son enfant ?

Souvent je rêve de toi, maman. Dans mes rêves, nous nous ressemblons. Même bouche, mêmes yeux.

Lorsque je te parle, c'est l'écho de mes paroles que j'entends.

Toi, m'entends-tu quand je parle ? Ou continues-tu de chantonner dans la pièce à côté ?

Tu ne sais pas grand-chose d'elle. Pas grand-chose de cette fille qui est toi. C'est pour cela que tu en parles parfois à la troisième personne. Pour cela que tu t'adresses à ton père. À ta mère. Tu crois encore qu'ils vont pouvoir t'aider.

Les larmes bues, des trous dans la roche.

蛸壺. Tako-tsubo.

Syndrome du cœur brisé.

4

Mon premier mensonge à papa. Trois ans, à peu près. Tous les jours, j'avais du pain au beurre sucré pour mon goûter. Un après-midi, je l'ai donné au chien. Qui n'en a fait qu'une bouchée.

Tu as terminé ton pain beurré ? Oui.

Le ciel n'est pas tombé sur ma tête. Papa n'a pas deviné que j'avais menti.

Une jeune femme habitait derrière la haie de notre jardin. Elle faisait le ménage chez Lorenzo Valdis, le médecin du village – le partisan qui avait joué un rôle dans la fuite de Gino, Ida et maman à la Libération. La jeune femme s'appelait Mori – enfin, c'était son surnom, parce qu'elle avait des cheveux noirs toujours ébouriffés. Son vrai nom, je ne l'ai jamais su.

La Mori vaquait au ménage en *sottoveste,* les seins débordant des combinaisons en faux satin sous lesquelles se dessinaient ses cuisses et ses fesses.

Elle était folle de papa. Je le voyais à sa manière de m'embrasser, comme si elle voulait me manger.

Elle me paraissait belle, avec sa grande bouche et ses yeux sombres et malgré son nez tordu, mais je lui en voulais. Quand papa allait boire le café chez Lorenzo, la fenêtre de la Mori, qui donnait sur notre jardin, se fermait.

Maman se mettait au lit avec des nausées.

Papa ne savait pas aussi bien mentir que moi.

Une nuit je me suis levée parce que maman hurlait en jetant des choses à la tête de papa. J'ai passé un moment derrière la porte, en pyjama. Quand le lendemain j'ai demandé à ma mère de m'expliquer, elle m'a dit que c'était la télé.

Un jour j'ai soulevé l'écouteur du téléphone au moment où mon père disait, À ce soir mon amour – à une fille qui riait. Je n'ai pas reconnu la voix. J'ignore de qui il s'agissait.

Un été, papa a disparu.

Je demande à maman ce qui s'était passé :

— Ton père était allé à Paris pour accompagner la Mori, qui avait une cardiopathie. Il a remué ciel et terre pour qu'on l'opère, mais la première greffe du cœur n'aurait lieu qu'une dizaine d'années plus tard.

— Mais nous avons passé l'été à la mer, non ?

— C'est Fabio, le chef de chantier de ton père, qui nous a accompagnés, ton frère Jacob, toi et moi. J'étais enceinte d'Eli. Fabio a pris la camionnette qui servait à transporter le matériel de construction car il y avait plus de place que dans ma Fiat 500, et nous avons pris la route avec lui. Le lendemain, en allant acheter le pain, je l'ai vu devant la maison. Il avait dormi dans la camionnette, au cas où j'aurais eu besoin de quelque chose.

— Je me souviens de lui. Il vivait avec sa mère. Il était gentil.

— Oui. Il ne s'est jamais marié. Il est mort l'année dernière, à l'hôpital.

— Tu es allée le voir ?

— Deux jours avant sa mort, je me suis décidée. Quand j'ai touché sa main pour le saluer, lui montrer que j'étais là, lui faire une caresse aussi, il a ouvert les yeux. Tu te souviens de ses yeux.

— Bleus, très clairs. Oui.

— Il était incapable de parler. Ne pouvait que me regarder. Mais avant que je parte, j'ai entendu un murmure.

— Il t'a dit quoi ?

— Adieu amour.

Ton père, ajoute maman, ne s'est jamais pardonné la mort de la Mori. Comme si c'était sa faute. Moi non plus, je n'ai pas pardonné, et je n'ai pas oublié. Mais la vie continuait. Nous sommes partis en voyage en Espagne. Nous vous avons confiés aux soins de tes grands-parents ; je pleurais, je ne voulais pas vous laisser. Puis Eli est né. Ton père a commencé à travailler pour l'Ingénieur. À partir de là, beaucoup de choses ont changé.

(Ma mère ne m'a plus jamais parlé de Fabio : Adieu amour, hop, terminé.)

5

Été 1967. Ce que je remarque en premier : mon regard tourné vers l'appareil photo.

Puis :

L'expression de ma bouche.

L'Omega d'or de mon père au poignet, son alliance à l'annulaire.

La manière dont il se tient.

Les lunettes qui cachent ses yeux.

Ses cheveux.

Sa tête baissée vers moi.

Les bras qu'il tient le long du corps.

Mes bras qui font le tour de sa taille.

Le haut de mon bikini creux.

Où était cette photo pendant tout ce temps ? Pourquoi je ne me souviens pas de ce qui a dû se passer entre le jour où elle a été prise – l'embarras de papa, mon amour pour lui – et l'ampoule nue qui se balance dans la pièce démolie, quelques années après ?

Il y a une aura qui se dégage de nous deux. Une ombre grise qui s'attache à nos deux corps.

Quelque chose d'inéluctable.

Un père et sa fille.

Sur cette photo je vois aussi quelque chose que je savais déjà, et qu'il m'a fallu des années pour m'avouer.

De nous deux, celui qui a le plus peur, c'est lui.

Tandis que j'écris ces mots, je ne sais pourquoi une autre photo me revient en mémoire. Papa – dix ans. Il fixe l'objectif d'un air de défi – d'innocence aussi. Il est habillé d'un haut de maillot qui bâille avec un numéro dessus, et d'un short trop long. Il a les oreilles décollées, des cheveux fous sur le front. Dans ses yeux, quelque chose fait battre plus fort mon cœur.

Papa. Pourquoi n'avons-nous pas été amis ?

6

En 1967, notre maison, que papa construisait pièce après pièce, était loin d'être terminée. Telle quelle, elle était déjà si grande que ses parents, Maria et Giuseppe, sont venus vivre avec nous. Pour le plus grand malheur de maman que Maria rendait folle à sans arrêt souffler dans les bronches de son fils, *Toujours le nez fourré dans la culotte de ta femme, qui est-ce qui porte le pantalon chez toi, tu n'es qu'une couille molle, un trouillard.*

Chaque fois que papa achetait un cadeau pour maman, il en achetait un pour elle aussi. Une fourrure en léopard pour maman – une en renard pour Maria. Un solitaire pour maman – des pendentifs en diamant pour Maria.

Des scènes à n'en plus finir. Les revanches. Les vacheries.

Mon grand-père Giuseppe tua mon chiot à coups de pelle, une nuit. Maria versa une bouteille de Javel dans les rosiers blancs de maman. Chaque fois que papa dépensait de l'argent pour les femmes de sa vie, la nasse dans laquelle il s'était fourré avec l'Ingénieur l'étranglait un peu plus.

Il lui fallait aussi montrer à ses amis du Bar Centrale qui pissait le plus loin. Il sortait tous les soirs. Rentrait tard. Chancelant. Sans égards.

Maman ne m'a jamais raconté ce qui se passait après, dans le lit. Comment elle sortait d'elle-même, de son propre corps tiède et endormi, fermant son esprit, se bouchant le nez. Mais je sais.

Papa, je suis désolée de tout ça. Tu vois à quel point tu as fait n'importe quoi ? À quel point tu as été misérable et odieux ? Ça s'appelle viol conjugal, il a fallu des dizaines d'années pour qu'on mette un mot sur cette pratique si répandue. Normale quoi. Tu n'étais pas le seul, c'était banal dans ta génération, mais ce n'est pas une justification.

Je crois, papa, qu'on a toujours le choix.

Mais aussi :

Maman me raconte que tu prenais dans tes mains ses pieds glacés. Que tu n'étais pas sûr de toi. Fragile. Timoré, et maladroit au pieu. Elle me répète qu'elle ne t'en veut pas.

Et il y avait tous ces moments où vous riiez.

J'aime imaginer vos fous rires. Ta mèche sur les yeux. La belle bouche de maman. Vos regards croisés. Quatre enfants. Et encore envie de rigoler. S'il y a bien une chose qui me fait croire à l'amour, c'est cette image de vous deux, en train de rire à gorge déployée.

7

À l'époque, l'Ingénieur venait souvent chez nous. Parfois il débarquait dans sa Ferrari jaune, et les têtes d'oisifs qui traînaient au Bar Centrale se retournaient sur son passage.

Mais le plus souvent, il traversait le village incognito, dans une Fiat 500 qui avait vu des temps meilleurs.

Quand il lui arrivait de me croiser dans les parages du bureau de papa, qui à l'époque était encore au rez-de-chaussée de notre maison familiale, il ôtait ses lunettes de soleil.

Je me disais que les Wayfarer de mon père étaient autrement plus classes.

Il me fixait sans me saluer.

Si je déplaisais à l'Ingénieur, la réciproque était aussi vraie. Je crois que c'était la manière dont je le fixais. Mais ce que je détestais le plus, c'était l'expression de papa. Il me faisait penser à un chien tortillant du derrière.

J'avais honte.

Il me faisait de la peine aussi.

Aujourd'hui, je sais d'où vient cette compassion pour lui.

Sans rien savoir, j'avais déjà compris.

Puisqu'il ne peut pas toujours le faire sous son nom, c'est avec la signature de mon père que les affaires de l'Ingénieur se concluent. Pas les plus appétissantes ni les plus exposées – papa n'a ni les diplômes, ni le carnet d'adresses pour faire partie de ces *happy few*. S'il porte mieux que quiconque la chemise blanche, les revers de ses vestes n'auront jamais le léché des costumes d'Agnelli.

Mais, comme on dit, la plus belle fille du monde ne s'assoit que sur ses fesses. Les fesses de mon père sont propres.

Pour l'Ingénieur, c'est l'essentiel.

8

L'architecte Pier Luigi Nervi, né en 1891 et mort en 1979, développe au milieu des années quarante le *ferrocemento*, un matériau solide et léger, composé de couches de mailles d'acier mélangées au béton. La guerre se termine, tout est à reconstruire. La légèreté, la maniabilité du ferrociment, le premier béton armé, permet à Nervi d'ériger des stades, des hangars, des bâtiments voûtés, des coupoles. En même temps que Le Corbusier en France, Nervi impose en Italie son idée révolutionnaire de construction. Et s'il y a une chose dans laquelle il excelle, c'est la nervure du bâti. La structure d'une aile de libellule. Le concret de la pierre, la flexibilité de l'acier.

C'est un monde nouveau qui naît.

L'Ingénieur n'a même pas trente ans lorsqu'il débute, en 1955, dans la société Ferrocemento. L'entreprise, active depuis 1932, s'affirme notamment dans les secteurs des ouvrages hydrauliques et des infrastructures. C'est une success story à l'italienne, surtout à partir des années soixante-dix, quand l'Ingénieur, qui s'est formé à l'université La Sapienza de Rome avec des figures emblématiques de l'ingénierie civile du XXe siècle, en devient d'abord administrateur délégué, puis plus tard président-directeur général.

Ce sont des années de travail acharné pour l'Ingénieur, homme taciturne et secret. Il épouse Maria Pia Tolomei, issue d'une noblesse siennoise si ancienne qu'on peut lire l'histoire de ses ancêtres sous la plume de Dante lui-même, dans le Chant 5 du *Purgatoire*. L'épouse lui donne une unique enfant et apporte dans son trousseau villas, antiques maisons dans le centre historique de Padoue – vrais bijoux architecturaux – et vignobles sur les collines environnantes.

La vocation de l'Ingénieur n'est pas de profiter de la vie, mais de produire et faire fructifier. Il faut que tout cela rapporte. La maison de Padoue ? Une base de travail. La villa sur les collines ? Un lieu de réception. Où pendant quarante ans l'on verra atterrir en hélicoptère des hommes politiques de tous bords. Les ministres de gauche et de droite qui vont faire l'histoire de l'Italie ont tous, un jour, porté un toast à l'Ingénieur.

À sa santé. À un monde meilleur.

Un monde meilleur, certes.

Pour qui ?

9

Corruption *made in Italy*. C'est plutôt simple comme système. Un échange de bons procédés entre gens de confiance. Avantages des deux côtés : pourquoi s'en priver ? Les affaires sont les affaires. Et la couleur politique n'y change rien.

Je me demande comment l'Ingénieur put filer entre les mailles de l'opération Mains propres – série d'enquêtes, d'arrestations et de procès qui révolutionnèrent, en quelques mois, le scénario du pays. La démission en chaîne des ministres et les suicides des managers et hommes politiques prit fin avec l'entrée en politique de Silvio Berlusconi, début 1990, et la loi qu'il fit immédiatement voter afin d'éviter la prison aux personnes mises en examen pour corruption.

Le mur de Berlin venait de tomber. Le bloc soviétique avait perdu de son pouvoir. L'Ingénieur, dans l'ombre, ne bougeait pas. Dans cette période d'instabilité, son pouvoir crût en importance, en dividendes, en revenus.

Il n'était pas seul. Il faisait partie (numéro d'affiliation 181) d'une longue, puissante chaîne de pouvoir occulte : la célèbre Propaganda 2, loge illégale et clandestine impliquée dans toutes les tentatives de coups d'État italiens. Il est bon d'être dans le même peloton que 208 représentants des forces de l'ordre, 18 magistrats, 67 hommes politiques, 47 industriels, 52 membres de cabinets ministériels, 9 diplomates, 8 présidents de compagnies aériennes, 27 journalistes, 4 éditeurs, 49 directeurs de banque. Entre autres. Ainsi que la quasi-totalité des patrons des différentes branches des services secrets, tous mêlés aux attentats des années soixante-dix et quatre-vingt. Dans les mots *stratégie de la tension*, quel est celui que vous ne comprenez pas ?

Silvio Berlusconi aussi faisait partie de la Loge P2, numéro d'affiliation 625.

10

La confusion, la peur, le chaos dans les institutions – et dans nos cœurs.

On a appelé ça *le notti dei fuochi*, les nuits des feux. L'épicentre en est ma ville, Padoue. Guérilla, assauts contre la cantine universitaire, barrages routiers dans le quartier du Portello, à quelques mètres du Sacré-Cœur (mais l'enceinte du monastère nous protège des bruits et de la fureur extérieurs), attaques contre les sièges des différents partis et contre la caserne des carabiniers. Tous les jours, des blessés à la barre à mine.

Des morts aussi.

Le procureur de Padoue, Pietro Calogero, ordonne l'arrestation de Toni Negri, le leader de Pouvoir ouvrier. La procédure aboutit à une série d'actes d'accusation. Pour le magistrat, une seule tête dirige le terrorisme en Italie, les Brigades rouges et les groupes armés de l'autonomie sont une même organisation, une seule stratégie inspire l'attaque au cœur de l'État.

Les Brigades rouges, bande armée paramilitaire, promeuvent l'insurrection contre les pouvoirs de l'État afin de changer par la violence la Constitution.

En mars, Aldo Moro, alors président du conseil national de la Démocratie chrétienne, est enlevé, et son escorte décimée par les BR.

Notre nuit de feu continue.

Moi, je vis mes dernières semaines au Sacré-Cœur. Je tiens tous les soirs mon journal du désastre. Je tague les murs de ma chambre – ma chambre à la porte défoncée :

IO SONO MIA.

Je suis moi, je suis à moi.

J'aime tellement me rendre au collège au petit matin, sous les soleils rouges de l'hiver, mes pas résonnant sur les dalles usées des arcades, quand il fait si froid, à 7 heures, que l'écharpe gèle sur le nez, et les orteils dans les chaussures, et le sang dans les veines brûle dans le silence glacé, et on peut l'entendre, haut et fort, danser de joie.

Une plaquette en cuivre suspendue aux lourdes portes à deux battants du monastère porte l'inscription « Que l'on ferme la porte ». Une élève rigolote a ajouté, « Qu'on la ferme toujours ».

Et cette phrase qui court sur les murs brunis par le temps du couvent : *I am that I am*, YHWH – et quand je demande des explications aux sœurs, on me répond, Si tu ne sais pas on ne peut pas t'expliquer.

Savoir quoi ? Je trouve à tout cela un petit air de secte. Un côté film d'horreur pour jeunes filles dérangées.

(Voilà le genre de choses pour lesquelles j'éprouve, tandis que j'écris, une railleuse nostalgie. Mais c'est moi-même que je raille. Cette gaieté obstinée. Cette façon de m'amuser de la moindre bêtise, alors que la noirceur, dedans, s'élargit. La douleur n'est qu'une pique, terrible et cependant passagère, alors que la souffrance est une lame lente qui m'engloutit. Je sais aujourd'hui qu'une fois que la bête noire vous a reniflé, elle ne vous lâche plus. Protester – auprès de qui ? Puisque celui qui devait me protéger était celui qui me fracassait.)

11

Comment s'y prit-elle, la De Guggemberg, pour me virer ? Salement, car j'étais trop bonne élève pour être débarquée à cause de mes notes. Avec l'époustouflante Nico et l'adorable Stefano, l'intello de la classe avec ses lunettes en métal cerclé (l'un des huit garçons admis dans ce collège de filles, huit sardines au milieu de quatre cents carpes koï), nous nous battions comme des poissonnières pour être les premiers de la classe.

Je ne connaissais pas le prénom de la diabolique religieuse, et bien que son nom de guerre, De Guggemberg, suffise à la représenter, je dirais qu'elle aurait pu s'appeler Héloïse, un nom charmant en totale contradiction avec son physique.

De ce mois de juin-là, celui de mes dix-sept ans, je ne me souviens plus vraiment. J'avais eu l'une de mes hémorragies, et je n'en avais rien dit. À qui en aurais-je parlé ? Maman était sourde-muette. Grand-mère Maria, plongée dans les guérillas qu'elle entretenait soigneusement en famille ; grand-mère Ida, désorientée par ses débuts d'Alzheimer. Quant aux tantes Marina et Rina, elles filaient vers une vieillesse autiste.

J'avais manqué quelques jours de classe à cause de mes soucis de santé. Notamment une interrogation de philo. N'importe : ma moyenne me permettrait sans inquiétude d'être promue.

C'était compter sans la perfidie de l'Allemande. Que tu sois abominée, De Guggemberg. Il faut bien qu'il y ait une justice quelque part pour la manière dont tu m'as traitée. Que saint Augustin vienne te tirer les pieds dans ton lit de vierge poilue. Que saint Thomas claque les portes du Paradis sur tes doigts crochus.

Je n'ai jamais compris comment elle a réussi à me convoquer, cette *Warum nicht*, alors que les cours étaient terminés et que nous étions en vacances depuis quinze jours déjà.

Au début du mois de juillet, il faisait si beau que je m'étais rendue au collège à vélo. Le monastère, d'habitude bruissant de rires et de commérages et de criailleries, était silencieux. Sœur Dondon en jupons bleus armée d'un seau et d'une serpillière faisait le ménage. Ça sentait la Javel à plein nez.

(J'ai toujours eu un faible pour les larges planches en chêne passées à la Javel dans les couvents. Pour les palmiers en pot poussiéreux. Pour les verrières étincelantes de propreté donnant sur des jardins vieillots. J'aime l'ambiance des instituts religieux. Peut-être, dans une autre vie, ai-je été heureuse dans un lieu comme celui-ci.)

D'autres sœurs en cornette, les mains coincées dans l'espèce de large ceinture noire qu'elles portaient à la taille – Yoda à la queue leu leu – se rendaient à la messe de la mi-matinée.

Quelqu'un m'avait ouvert la porte d'une salle de classe vide. Dehors, le début de l'été rugissait. À l'intérieur, tout était gris et muet. La De Guggemberg, assise derrière la chaire, semblait avoir avalé un ou deux parapluies. Moi, je suis restée debout près de l'ardoise.

Elle m'a posé derechef la première question. Je me suis vite aperçue que c'était un interrogatoire, non une interrogation. Les questions se succédaient, martelées.

Je répondais, elle commentait sans jamais me regarder, *Ce n'est pas du tout ça. Je veux la pensée de l'auteur, pas la vôtre – enfin, si on peut l'appeler ainsi. Vous ignorez le premier mot de ce dont vous parlez.*

Je transpirais. Je comprenais ce qu'elle était en train de faire, mais ne pouvais m'y opposer d'aucune manière. C'était un guet-apens, l'Allemande m'avait mis dos au mur et me fusillait, sans autre forme de procès.

Une heure après, ma carrière de bonne élève était terminée.

J'ai été virée pour *hérésie* en quelque sorte. Je ne savais même pas que ça pouvait exister.

12

Pourquoi l'appelle-t-on l'ivresse des débuts ?

Parce que l'on tangue. Parce que la terre tremble et s'ouvre sous le pas.

Parce qu'on a la gorge serrée, et on ne peut plus respirer sans que les sanglots viennent s'y mêler.

Parce que les larmes et les rires s'entrelacent comme quand on a bu.

Parce qu'on danse sur les braises,

et lorsqu'on ferme les yeux, la lumière envahit tout.

C'est l'ivresse des abîmes.

L'ivresse bleue des débuts.

Je sortais avec Luca, un *moretto* aux yeux verts. On expérimentait de délicieuses variations sur le thème amoureux. C'était mon *ragazzo* attitré, et oui, j'étais raide croque de lui. On se disait que plus tard on ferait un voyage, tous les deux. L'Europe en train et sac à dos. Quand on serait majeurs, dans deux ans. Et surtout : on ferait L'AMOUR. Je ne pouvais plus respirer quand il me disait ça en me mordillant l'oreille. L'impression que mon cœur sautait dans ma poitrine et qu'il allait finir par jaillir de mes lèvres et s'en aller danser sur les chemins, tant il était joyeux, tant il était libre et gai.

Ce que je n'étais pas. Mes plus beaux habits étaient déchirés. Ma mère, mutique. Les frères, plongés dans leurs bandes dessinées. À la maison, plus personne ne riait. La routine de violence quotidienne de papa nous avait transformés en zombies. On vaquait à nos affaires, tâchant de faire le moins de vagues possible.

Abel avait trois ans, c'était ma poupée. Je le trimballais partout, dès que je le pouvais.

Et la grand-mère Ida perdait la boule. Et *nonno* Gino se faisait vieux. Le château de notre enfance tombait en ruine. Nous n'y allions plus tellement. Nous étions seuls. Chacun pour soi. Imperméables à la douleur, aurait-on dit. On résistait comme on pouvait. Moi en première ligne. Avec, bien entendu, papa.

Grand-père *Pulini* venait nous voir tous les soirs pour nous souhaiter bonne nuit. C'était son rituel. Pendant les dix-sept premières années de ma vie, qu'il pleuve ou qu'il vente, il fermait la grille du petit château, traversait la nationale et passait nous embrasser.

Je le revois courbé dans son pardessus trois-quarts, traînant son cartable d'écolier. Son chapeau à l'ancienne sur sa tête chaulée. Il marchait mal. N'était plus le jardinier flamboyant qu'il avait été. Ses pivoines blanches, l'hiver précédent, avaient gelé sur pied.

Comme lorsque nous étions petits, il nous apportait des rouleaux de réglisse. Mais personne n'en mangeait plus chez nous. Ils prenaient la poussière dans un bocal puis devenaient tout gris, et ma mère les flanquait à la poubelle.

Maman n'a jamais aimé s'embarrasser de choses qui ne servent pas.

13

Papa cabotait. Vitesse de croisière. Un-deux-trois, soleil. Il me cognait plusieurs fois par semaine. Pour des broutilles. Des répliques pas à son goût. Des vêtements qui ne lui plaisaient pas.

Ça me revient, il avait un mot pour ça : elle a besoin de la *scuria*.

En dialecte, de la cravache.

Ou de la trique, si l'on veut.

À la maison, la Terreur régnait.

Quand la lettre de renvoi du Sacré-Cœur est arrivée à la maison, il a piqué sa crise.

Bien sûr, c'était prévu. J'ignorais seulement quand ça allait tomber.

J'attendais le bus lorsque mon père a garé sa BMW de l'autre côté de la route. Il écumait en traversant la nationale. Il devait y avoir des gens autour de moi, mais je n'en ai gardé aucun souvenir. Papa m'a pris à la gorge des deux mains en me soulevant de terre. Puis m'a agrippée par les cheveux et a retraversé la nationale en me traînant derrière lui. Les voitures s'arrêtaient, conducteurs sidérés. Il m'a fait entrer dans la BMW à coups de poing. Sur les sièges arrière, pas devant, à côté de lui. Exactement comme la première fois, quand, après la soirée de l'ampoule nue, il m'avait ramenée dans notre maison de Robino, où j'avais passé le reste de mes vacances en tête à tête avec lui, qui ne m'avait pas adressé un seul mot de tout l'été.

Tout se superposait.

Cette première fois. La route qui défilait, papa qui roulait trop vite dans les tournants, mon mal au cœur, les vitres de la BMW blanchies par la vapeur dont l'habitacle était saturé. J'avais beau nettoyer la fenêtre de mon poing fermé, on n'y voyait presque rien. Je devinais la montagne noire, les branches des arbres et les herbes du bord de route qui se balançaient, déplacés par notre passage, et semblaient me saluer, Adieu, adieu. À un tournant, j'ai aperçu Giovanni qui roulait vers le village sur sa moto. Sans casque. Mèches de cheveux sur la bouche et les yeux. Pressé.

Sans un regard pour la voiture qu'il croisait. Il ne pouvait pas savoir que, dans la BM bleu nuit, c'était son amoureuse qui s'en allait.

14

(Travelling avant : Giovanni, je le reverrais par hasard, à Paris, vingt ans plus tard. On s'aimerait comme des fous. On se quitterait parce qu'il est toujours trop tôt ou trop tard, et qu'on est trop bêtes pour savoir ce que vaut l'amour.

C'est le père de Giovanni, Luciano Scarpa, médecin du plateau d'Asiago, qui trouverait les corps des amoureux de ma tante Marina au cours de ses recherches.

Il s'était donné pour but de redonner leur dignité aux disparus en guerre, ces soldats qui avaient irrigué la montagne de leur sang.

Antonio et Adriano avaient été jetés dans la même fosse après la bataille du fleuve Piave. Luciano Scarpa les avait découverts, mêlés l'un à l'autre au milieu des autres cadavres. Leur plaquette d'identification lui avait permis de les reconnaître officiellement.)

(Travelling arrière : Et oui, les lettres de Marina étaient bien arrivées, puisque Antonio et Adriano les gardaient dans leurs nippes pourries, coincées entre leur chemise et leur peau, incrustées dans leurs chairs défaites et momifiées. Il y avait même une réponse : Adriano, l'amoureux transi, avait répondu qu'il laissait libre Marina ; il n'en voulait plus, il avait trop souffert, et avec les épreuves de la guerre, il avait décidé que cela n'en valait pas la peine. Sa lettre n'avait pas été envoyée.

Quant à l'autre jeune homme, Antonio le trop aimé, il avait reçu en même temps que la lettre d'ultimatum de Marina une autre lettre, tendre et apeurée, d'une jeune femme qui lui disait qu'elle attendait un bébé.)

(Il y a des amours qui restent compliquées même après la mort, on dirait.)

15

Les souvenirs se superposent. Toutes ces fois où papa perdait les pédales se ressemblent un peu. Il y a un grand trou sans fond quand je m'approche de ce qui se passait. C'est une étrange sensation : je sors de mon corps, je me vois de loin – d'en haut. Dédoublée.

Après la lettre de renvoi du Sacré-Cœur, papa m'avait fait monter l'escalier qui conduisait à ma chambre à coups de pied, en m'injuriant. Même en me concentrant, je ne sais plus ce qu'il pouvait me hurler. Les menaces, les insultes. Tout est là, quelque part en moi, mais je n'y ai pas accès.

Je m'étais recroquevillée contre le mur du fond tandis que les coups pleuvaient. Papa était parti en fermant la porte à clé derrière lui.

Dans l'après-midi, la soirée peut-être, j'ai ouvert *La Métamorphose*.

Je suis sortie de ma chambre des semaines après, une fois la lecture des œuvres complètes de Kafka achevée.

J'ai l'impression que je me souviens de tout, mais ce n'est pas vrai. Ma dernière nuit dans mon lit d'enfant ?

Cette dernière nuit où j'ai caché mes journaux intimes, le transistor kaki, les livres pour lesquels j'avais fait des économies. Yourcenar. Fitzgerald. Capote.

Si je me souviens de cette dernière nuit ? Je dirais qu'elle n'est jamais finie.

J'y reviens encore et encore.

L'ampoule nue ne cesse d'osciller.

Tu peux t'en souvenir. Tu te souviens de tout, dit une petite voix en moi.

Et l'homme sans visage alors ?

Tu vois que ce n'est pas vrai.

16

1978. Dix-sept ans en avril. Mois d'enfance qui doucement s'effilochent, frémissants, trépidants, palpitants. Ultimes jeux avec mes frères, déjeuners du dimanche avec les grands-parents – tiède et charmant bain familial.

Ma chambre refuge, lieu d'orage et de colère, où – parfois – la sérénité revient. Dans les jours calmes, mes livres et mon journal. Mes nuits, étendue au sol sur une couverture, oreiller sous la tête, à m'endormir en regardant la Voie lactée. Poudre de feu, âmes brûlées. Frôlements d'amours anciennes.

Je tends l'oreille au passé.

Les mauvais jours, les sanglots qui m'étouffent. Je me tape la tête contre les murs, exaspérée d'être enfermée. Furieuse, triste, indignée.

Révoltée.

Où tombent les coups quand je me recroqueville sur moi-même ? J'ai les yeux qui se ferment tandis que papa frappe. Souvent, après, je m'endors par terre en boule, là où je suis tombée.

La grande solitude dans laquelle je fus maintenue après avoir été virée du lycée. Ces semaines interminables à lire Kafka. Ma mère m'apportait à manger, silencieuse et meurtrie. Mais c'était elle qui, après m'avoir servi mon plateau repas, m'enfermait à clé. Ce bruit de métal qui racle la serrure.

Derniers mois d'innocence – tachée de sang. Le nez, souvent. Papa. Mais aussi, une hémorragie se déclenchait régulièrement, dont je ne disais rien à personne.

Je pensais que c'étaient mes règles qui déconnaient.

Le sang le sang le sang. Cœur blessé, offensé. Cœur de jeune fille qui ne connaît rien et pourtant en sait trop déjà.

Elle ne l'ignore pas, la jeune fille, que ce combat-là est perdu.

Ne t'inquiète pas, ça ira ? Non, ma vieille, ça n'ira pas. Ça n'ira plus jamais.

Nuit après nuit, se jeter tête la première contre un mur qui ne s'ouvre pas, ne cède pas. Un mur de gomme. Au bout d'un moment, ça ne fait même pas mal ; la douleur est telle, partout, que ça ne compte plus. Au contraire, ça anesthésie.

Jour après jour, se dire que fuir, c'est abandonner. Ne pas revoir les visages de ceux qu'on aime. Ni sentir leur odeur tendre au petit déjeuner. Ne plus avoir un toit. Que l'on croyait chose due. Ne plus avoir de jeunesse. Qui n'allait pas s'arrêter, malgré la violence et les coups.

Mais tout s'arrête. En un instant, la vie que l'on connaît se termine.

M'échapper. Pour aller où ? Gagner ma vie comment ?

Je ne sais même pas faire un café.

Encore aujourd'hui, je ne peux prononcer le nom d'Aldo Moro sans penser à tout cela. À ces nuits où, recroquevillée, je me demandais où était la sortie.

Ce voile rouge de sang.

Cette mort suspendue.

17

Je revois le visage de Moro sur la dernière photo. Derrière lui, le drapeau des Brigades rouges avec l'étoile à cinq pointes. Cliché parfait, comme dans une publicité. Moro fixe la personne qui prend la photo. Par le biais de son geôlier, il nous regarde de ses yeux noirs. Il a un sourire de travers. Une expression grinçante, des lèvres sensuelles. Dans sa moue papillote un minuscule espoir. Quelqu'un qui croirait encore et malgré tout à un miracle. Il a soixante et un ans, mais il ne fait pas son âge sur cette photo.

La maigreur le rend plus beau. La souffrance, plus vrai. L'homme politique, cette image vide à laquelle nous étions habitués, disparaît derrière l'homme nu.

Au moment où, en mars 1978, il est enlevé par les Brigades rouges, il est dans sa voiture de fonction, avec son garde du corps et son chauffeur. Derrière lui, dans une autre voiture, les carabiniers de sa garde rapprochée. Il se rend au Parlement pour signer l'accord du compromis historique. Pour la première fois dans l'histoire de la République italienne, grâce à lui, les communistes vont faire leur entrée officielle dans les lieux du pouvoir.

Ne jamais oublier que l'Italie était – est – très dépendante des États-Unis. Que le pays a été le bastion le plus important de la CIA. Qu'il était impensable, avant la chute du mur de Berlin, que le Parti communiste soit intronisé dans un pays européen.

Ne pas oublier la guerre froide, et toutes les atrocités perpétrées au nom de la lutte contre le communisme.

Ne pas oublier que le PCI – Parti communiste italien – a encore une carte à jouer ; en France, quelque temps auparavant, on a voté pour stopper les chars russes qui devaient prétendument envahir les Champs-Élysées.

NE PAS OUBLIER LA PEUR DU COMMUNISME, cette terreur soigneusement entretenue.

C'est cela aussi que l'on fait payer à Moro. D'avoir osé risquer les équilibres sacrés.

Qui peut dire aujourd'hui que les Brigades rouges n'étaient pas infiltrées par les Services qui, je le rappelle, étaient omniprésents ?

Les Brigades rouges atteignent leur apogée avec la mort de Moro. Leur débâcle commence juste après. Elle entraînera la fin des années de plomb. La stratégie de la tension a porté ses fruits.

Le pays est pacifié.

On s'est débarrassé d'un politicien embarrassant. Et des Brigades rouges en même temps.

Qui, *on* ?

Je rêve de m'entretenir de ces événements avec les hommes et les femmes des Brigades rouges. Je voudrais qu'ils me disent s'ils ignoraient vraiment qu'ils étaient manipulés, alors qu'ils croyaient faire la révolution du peuple.

Je voudrais qu'ils justifient d'une manière ou d'une autre leur comportement, qu'ils me confirment qu'ils croyaient à la théorie du moindre mal, qu'ils me disent que s'ils ont été des salauds de geôliers, imbus d'eux-mêmes, gonflés d'un délire d'omnipotence, c'était en réalité pour le bien des Italiens.

(Le fascisme n'a qu'une couleur à mes yeux : celui de la violence. Je pourrais mordre lorsqu'on ajoute, *C'est pour votre bien*.)

Voici ce que Moro écrivait depuis sa « prison du peuple », neuf ans après la bombe de Piazza Fontana : *Personnellement et intuitivement, je n'ai jamais eu de doutes. J'ai dit et répété que la bombe à Piazza Fontana, et ce qui en a découlé, était clairement de droite. Ces faits avaient comme objectif le déchaînement d'une offensive de terreur indiscriminée. Par ces actions, il fallait bloquer les développements politiques en cours et remettre la société, par la morsure de la peur, dans une gestion calculée du pouvoir.*

Comprendre que pour les hommes de ton parti tu es déjà mort – ou qu'il vaudrait mieux que tu le sois. Pour ne pas que tu dévoiles les confidences de famille.

Les secrets d'État.

Idem pour ceux que tu croyais être tes amis les plus chers, qui recouvrent les plus hautes charges au gouvernement. Et refusent de traiter avec les BR pour ta libération. Partisans de la ligne dure, disent-ils. Car si on obtempère, jusqu'où ira-t-on ? Que devra-t-on concéder ?

Fastoche. On gagne sur les deux tableaux. Tu es un mort qui marche à partir de l'instant où, toute ton escorte assassinée, ces tragiques individus prennent possession de toi. L'homme politique et l'être humain, anéantis en une poignée de secondes.

Adieu.

Pas rasé. Les dents pas brossées. Ce sale goût dans la bouche. Cette frayeur au fond de ton ventre qui te fait demander – courtoisement, car tu es bien élevé – la bassine plusieurs fois par nuit. Cette angoisse qui te pousse à quémander qu'on laisse la porte ouverte, la lumière allumée, comme tes enfants quand ils étaient petits.

Voir la réalité telle qu'elle est : un voile déchiré. Chercher le mot juste pour essayer – encore et encore, malgré tout, car on ne peut faire autrement – de sauver tes fesses, par l'écrit, la ruse, n'importe quoi. Tu tentes l'impossible.

Parfois tu pleures.

De l'autre côté du mur, ils t'entendent. Les pleurs d'un homme dans le noir.

Et la nuit vint, et ce fut une nuit telle que des yeux humains n'auraient jamais dû y assister, ni y survivre. Et personne n'eut le courage de venir voir ce que font les hommes quand ils savent qu'ils vont devoir mourir.

Les rares moments où tu t'assoupis, tu rêves que tout cela est un cauchemar. Que tu vas te réveiller chez toi, dans ton lit, et tu vas te retourner et embrasser ta femme sur la nuque. Qu'elle te dira dans un murmure de la laisser dormir. Avec ce ronronnement, au fond de la gorge, inchangé depuis trente ans. Ce ronronnement qui te fait penser qu'elle t'aime toujours comme au début.

Tu ne sais pas ce qui est pire. Rêver d'être chez toi, ou rêver de l'œil noir du pistolet qui va cracher ta fin de partie.

Comme un film qui finit mal.

Ce film, c'est ta vie.

Ton corps, on va le découvrir dans une Renault 4L – la voiture archétypale des gauchistes en ces années –, barbe de plusieurs jours et costume froissé, chemise grise de poussière, un cadavre sans dignité. Un pantin désarticulé.

Et oui, maintenant tu sais. Tu sais que tout ce que tu as vécu avec passion et panache, ton éducation, ton travail, tes amours, tes humiliations et tes victoires bras levés, et le reste, ne valent rien. Tu sais que si tu en avais réchappé, on t'aurait balancé dans la cellule capitonnée d'un hôpital psychiatrique et on aurait jeté la clé. Parce que tu es allé de l'autre côté du miroir. Là d'où l'on n'a permis à personne de revenir.

Cinquante ans d'enquêtes – et de *dépistages* – n'ont pas suffi à démêler le vrai du faux sur la stratégie de la tension. Les acteurs de cette histoire sont morts, ou sont aujourd'hui si cacochymes que rien ni personne ne pourra plus jamais les sortir de leur décrépitude.

Il n'y a pas de vérité. Les hommes et les femmes qui ont fait le sale boulot à l'extrême gauche ont été utilisés, puis recrachés lorsqu'ils ont cessé de servir.

Même chose pour les marionnettes d'extrême droite – main dans la main avec les services secrets.

Des hommes qui, comme Franco Freda, sont convaincus aujourd'hui encore que la violence, même ultime, est la seule solution.

18

Été 1978. Après avoir été renvoyée du Sacré-Cœur, j'avais deux pistes pour des petits boulots : baby-sitter auprès d'une famille en vacances sur la côte, fille au pair dans un hôtel de bord de mer.

Après un mois de claustration, papa et moi avions muettement signé un statu quo. Je savais que ça ne durerait pas, il fallait en profiter.

C'est lui qui a tenu à m'accompagner à mes rendez-vous de travail. Nous étions fin juillet, en pleine canicule. Assise sur le siège de la BMW à côté de lui, j'étais plongée dans mes pensées. Il essayait de me parler, mais ses propos étaient incohérents, décousus.

Butés. Comme s'il voulait s'excuser, mais ne savait pas comment s'y prendre. La vitre était baissée de mon côté. Je sentais l'odeur des pins qui bordaient la route. La mer étincelait tout autour de nous.

On était perdus.

Gravée au fond de ma rétine, il y a l'image de l'endroit où nous nous sommes arrêtés pour regarder la carte. À la bifurcation, des palmiers frémissaient dans le vent chaud. Personne pour demander notre chemin, pas de voitures non plus.

Je me demande qui je serais aujourd'hui si papa et moi ne nous étions pas trompés de route ce jour-là.

Celle que nous avions choisie menait à l'hôtel de bord de mer où l'on demandait une fille au pair. Une plage privée comme on en voit dans les films de l'Italie des années soixante-dix, longue étendue de sable ponctuée de cabines colorées. Un bar avec des garçons en smoking blanc qui servent des dames en bikini. Des affiches de Patty Pravo et de Caterina Caselli dans la partie dancing.

Mario Gatti, s'appelait le patron. La quarantaine, marié, deux enfants. Pantalon blanc évasé un peu trop serré à l'aine. Chemise noire en taffetas. Rasé de près.

Mon père m'a confiée à lui comme s'il le connaissait depuis toujours. Il m'a laissée là avec gratitude, aurait-on dit.

Même moi, qui n'avais nullement l'usage du monde, je l'ai tout de suite remarqué ! Pantalon moule-burnes, chemise en taffetas. Ce type, il a dû se frotter les mains en voyant ta voiture qui tournait le coin de la route, et moi toute seule sur le trottoir avec mon sac d'ado et le petit cul de mes dix-sept ans.

Qu'est-ce qui t'a pris, dis-moi ? Pourquoi tu m'as abandonnée là, alors que tu étais le plus jaloux, le plus possessif, le plus fou, le plus malade d'amour des papas ?

19

Ça a commencé le lendemain. *Signor Gatti* est entré dans la chambre que l'on m'avait attribuée – une petite single tout en haut de l'hôtel – sans frapper.

Il l'a jouée cool, ce soir-là. S'est assis sur mon lit une place tandis que je me tenais le plus loin possible de lui, les fesses sur le minuscule lavabo enchâssé dans un coin : *Si tu as besoin de quoi que ce soit, à n'importe quel moment, je suis là. Tu peux me demander ce que tu veux, c'est la première fois que tu es loin de ta famille, ce doit être dur, non ?*

Les jours suivants, il surgissait devant moi à chaque pas. Sympa, grand sourire. Il m'attrapait par les bras, la nuque.

Ça va, tu ne te sens pas trop seule ?

Rigolant, *Je te donne la perm de minuit. Une pizza, tu veux ?*

Il avait des mains partout. Je me dérobais, marchant dans les pas des clients, tête baissée.

Peu à peu, terminé le grand copain.

Il est devenu fou, furieux.

Un jour, il m'a insultée devant le personnel, criant d'une salle à l'autre pour une tasse laissée à l'office. Le lendemain, à cause d'un peu de sable tombé des jouets de l'un des enfants que je gardais, il a hurlé, *Non, mais quelle sale conne, sale et conne,* devant les clients abasourdis.

Quand j'ai cassé hors du bol un œuf que je battais en neige pour le goûter, maladroite parce que traquée, et en nettoyant j'ai brisé un verre, il a éructé, *Mais putain qu'est-ce que tu fous ? T'as une chatte à la place du cerveau, c'est pour ça que rien ne marche chez toi ?*

Le soir même, tout sucre, sous prétexte de contrôler mes horaires, il était de nouveau devant ma chambre.

Que j'avais fermée à clé.

Il devait être 23 heures, je me brossais les dents quand il a frappé à la porte. Je suis sortie dans le couloir, *Allez, on oublie. Je vois bien que tu es dépassée, je vais t'aider. Tiens, un bisou, on va faire la paix.*

Il m'a coincé les mains en haut de la tête, sur le mur derrière moi. Il a placé son genoux entre mes jambes, m'obligeant à les écarter. Il a frotté sa bite contre mon ventre.

J'avais envie de vomir tandis qu'il glissait sa langue entre mes lèvres.

Les néons étaient allumés, mais moi, je voyais une ampoule qui oscillait.

Une femme d'un certain âge passait à ce moment-là. Elle l'a fixé sans rien dire, Mario s'est écarté. Un instant, juste le temps d'ouvrir la porte de ma chambre et de la verrouiller derrière moi. Tremblant, je me suis appuyée contre le chambranle, comme dans un film.

J'ai attendu qu'il s'en aille, puis j'ai réuni toutes mes affaires et me suis refugiée chez la plongeuse. Son dortoir au sous-sol sentait la moisissure et les granules pour les souris, mais il y avait de la place pour un autre lit.

Les ronflements de la grosse dame sont l'un des souvenirs les plus rassurants de cet été-là.

Je me consolais comme je pouvais.

Tu te crois qui ? Tu n'es qu'une petite pute.

Tous les jours j'y avais droit.

J'aurais pu dénoncer le sieur Gatti à son épouse, mais la honte me retenait. Dire quoi, expliquer comment ? Est-ce qu'on me croirait ? Je perdrais mon boulot. Et j'aimais bien *la signora* Gatti – et les enfants. Je n'avais pas envie qu'ils soient malheureux à cause de moi.

Je pouvais gérer, non ?

Connasse. À part ton cul, t'intéresses personne.

Je pensais que ça se tasserait.

J'ignore ce qui s'est passé. J'ignore si ce vaurien s'est vanté d'un triomphe que je ne lui avais pas octroyé, mais les ricanements des *camerieri* derrière mon dos, leurs mots orduriers susurrés à mon passage, me poursuivaient. Même la lingère, qui jusque-là avait été amicale, m'évitait.

Les chiens étaient lâchés.

Et cette solitude. Je n'avais pas un seul ami dans cet hôtel maudit.

20

J'ai appelé Luca, mon amoureux, en sanglotant. *Qu'est-ce que je peux faire, je n'en peux plus, viens.*

Il m'a rejoint un soir d'août, la pluie était dans l'air, les nuages s'amoncelaient.

Cette soirée-là, nous l'avons passée dans les bras l'un de l'autre, étendus sur le sable. Nous venions de nous assoupir, extenués après des heures de discussions stériles, quand l'orage a éclaté.

Je l'ai accompagné en courant à la voiture – il l'avait *empruntée* à son père.

Il n'en menait pas large.

La tête sur le volant, mon *ragazzo* s'est mis à pleurer. Recroquevillée à côté de lui, je claquais des dents. Mes larmes aussi coulaient, sans discontinuer.

Dehors, il pleuvait.

Nuit humide.

En rentrant à 6 heures du matin, amère, fatiguée, trempée, j'ai rencontré Mario, qui m'avait guettée.

Ce n'était pas le bon moment.

Malheureusement il ne l'a pas compris.

Il s'est penché vers moi en souriant et m'a murmuré, *Alors, petite salope, on découche ? Pourquoi ce merdeux, et pas moi ? Tu ne sais pas ce que tu perds. C'est pas des minets comme ça qui vont te faire jouir, tu sais ?*

J'ai souri aussi. J'ai fait comme si je voulais lui dire quelque chose à voix basse. Son oreille était tout près de mon visage. Quelques poils noirs sur le lobe. Je l'ai examinée, puis je l'ai prise entre les dents et j'ai serré, ma mâchoire paralysée par la fureur ne m'obéissait plus, je voyais rouge, le sang me montait au cerveau, il faudrait me couper la tête pour que je lâche prise – je ne sais pas comment j'ai réussi à ne pas lui arracher le pavillon auriculaire, comment j'ai réussi à me contrôler.

J'ai craché par terre plusieurs fois, j'ai craché ma rage et mon ras le bol, qu'il aille au diable, je n'en avais plus rien à foutre de lui, de rien, de tout, et tandis qu'il hululait, aussi surpris qu'amoché, je me suis sauvée.

Lorsque j'ai informé l'épouse de Mario que je voulais partir, elle a répondu que son mari lui avait tout dit.

Tiens ! Quoi donc ?

Que j'avais découché. Il m'avait réprimandée, et je l'avais attaqué.

J'étais *une folle furieuse*. En plus d'être *une jeune fille sans aucune moralité*.

J'ai fait ma valise, mais je n'ai pas appelé chez moi pour que mon père vienne me chercher.

Si je décidais de revenir à la maison, tout allait repartir comme avant, pire qu'avant cette fois, puisque malgré tout, depuis deux mois, j'étais libre.

Je n'avais plus de bleus.

Mon hémorragie recommença. Un goutte-à-goutte qui ne s'arrêtait pas.

Je perdais du sang depuis longtemps.

J'étais épuisée.

L'épouse de Mario m'ordonna de rester à l'hôtel jusqu'à la fin du contrat. Les clients voulaient quelqu'un pour garder les enfants, et il était trop tard, en fin de saison, pour me remplacer.

J'ai accepté.

Le frère de Mario Gatti débarqua à l'hôtel.

Septembre commençait.

21

Paolo Gatti habitait à Rome. Un peu plus jeune que son frère, il était dans la région pour travailler sur le tournage d'un film, *Don Giovanni*, dirigé par Joseph Losey.

Directeur de casting pour le cinéma, petite barbe soignée, lunettes et embonpoint, Paolo était un Père Noël intelligent, cultivé.

Gentil.

Bien élevé.

Il m'a fait la cour gentiment, un peu à l'ancienne.

Il m'a écoutée, a pansé mes blessures.

Je lui lisais les pages de mon journal.

Il me donnait des conseils.

Il m'a mise en sécurité ; son frère ne m'a plus touchée – d'ailleurs, il ne m'a plus parlé du tout.

J'étais seule. J'avais peur. *Je ne savais même pas faire un café.*

Je ne voulais pas rentrer chez moi.

Je ne *pouvais* pas.

Fin septembre, quand l'hôtel a fermé, il m'a engagée pour figurer dans le film.

Ce n'était pas un salopard comme son frère.

C'était juste un pédophile avéré – mais ça, je ne le savais pas.

Et même s'il n'aimait que *les fillettes d'un mètre quarante-huit en chaussettes, debout sur un seul pied,* j'ai quand même fait l'affaire : une Lolita décatie, dix-sept ans déjà – on se débrouillerait avec ça.

Quand je pense, papa, que je me suis tapé tout ça à cause de tes conneries.

Rien ne se passe jamais comme on le croit.

En plein tournage du *Don Giovanni,* je me suis réveillée un matin dans un bain de sang. J'ai appelé maman. Elle est venue me chercher. Elle m'a demandé de baisser la vitre de la voiture, de sortir mon bras et de tenir à la main un mouchoir blanc tandis que nous roulions vers l'hôpital le plus proche.

À tombeau ouvert, dit-on dans ce cas.

Ils m'ont opérée d'urgence. Le chirurgien a dit que deux heures de plus, et c'était fichu. J'avais perdu beaucoup de sang. Et j'étais déjà anémiée avant ça.

Il ne comprenait pas comment j'avais fait pour tenir debout les derniers mois.

Maman a ramené son enfant à la maison, enveloppée dans plusieurs couvertures, pâle et muette et malade à en crever, trois semaines plus tard. On m'avait recousue, une vingtaine de points de suture. Je ne pouvais même pas me tenir debout. Je me sentais comme un poulet ouvert en deux, prêt à être grillé.

Je suis retournée dormir dans ma chambre d'enfant. Comment était-ce possible que tout reprenne comme avant ? Plus ça, plus jamais. ÇA ne pourrait pas recommencer.

Il fallait que l'on trouve une solution. Alors à table, le premier jour où j'ai pu me lever, j'ai plaidé ma cause. J'ai fait des propositions. D'études, de travail. J'ai été raisonnable. Logique, sensée. Puisqu'il nous était difficile de cohabiter, j'irais vivre chez les grands-parents au château. J'en avais touché deux mots à Gino et Ida, qui n'attendaient que son autorisation.

(Solution que nous avions déjà expérimentée au cours des mois précédents, lorsque papa pétait tellement les plombs que maman me mettait à l'abri chez eux.)

Mon père m'a écoutée sans parler. Il m'a laissée développer. Puis il s'est levé. Moi aussi. Sans savoir pourquoi, je l'ai imité.

Nous étions face à face, tout près l'un de l'autre. Je pouvais sentir son odeur. Voir le réseau de veinules rouges éclatées dans ses yeux.

Sa voix était si basse quand il m'a dit, Tu t'en iras quand j'en déciderai – que j'ai dû lui demander de répéter. Alors il s'est mis à hurler. J'ai hurlé aussi : sa violence n'était plus tolérable. La Terreur était terminée.

C'est fini, papa.

Ce sera fini quand je le dirai.

Il a soulevé la chaise de laquelle il venait de se lever. Me l'a jetée en travers du corps. Mon ventre s'est ouvert. Le sang a imbibé mes vêtements, puis a goutté à terre.

Je n'ai pas de souvenirs clairs sur ce qui s'est passé après.

Je sais que maman m'a soutenue jusqu'à ma chambre. Après, je ne sais pas. Si elle est restée à mes côtés. Si elle m'a apporté une camomille, son remède souverain et absolu. Si elle est partie une fois que je me suis endormie.

Refermant la porte, ou ce qu'il en restait.

Le lendemain matin, j'ai attendu qu'il n'y ait personne à la maison puis j'ai descendu l'escalier en colimaçon, laissant la porte de ma chambre ouverte.

De toute façon, il n'y avait même plus de poignée. Tranquillement, calmement, j'ai arraché les rideaux. Jeté les verres et les assiettes par la fenêtre. Déchiré le canapé, les coussins, les oreillers. Découpé les nappes et les draps. Fracassé les tableaux, les miroirs, les vitrines des penderies.

J'ai tout saccagé, avec méthode.

Ensuite, j'ai jeté mon sac d'écolière sur mon épaule, j'ai ouvert le placard de papa et enfilé son plus beau pull en cachemire.

J'ai appelé un taxi.

Tandis que nous commencions à rouler, j'ai croisé maman qui rentrait. Nous nous sommes regardées. Ça a duré longtemps. Nous ne nous quittions pas des yeux. Elle a acquiescé de la tête. Puis le taxi a pris de la vitesse, et je l'ai perdue de vue.

22

Vingt ans plus tard, papa travaillait toujours pour l'Ingénieur lorsque, en 1997, ce dernier racheta Condotte, l'une des plus anciennes boîtes italiennes de travaux publics. Condotte était à l'origine de structures légendaires comme le pont Morandi de Gênes, l'un des ouvrages les plus audacieux de la péninsule, inauguré en 1967 par le président de la République. Les travaux avaient duré quatre ans, un record de rapidité et d'efficacité, dans l'enthousiasme du pays tout entier.

À cette époque, la boîte était la propriété de l'Administration spéciale du Saint-Siège. Puis, en 1970, la boîte avait été achetée par le financier Michele Sindona, l'un des *banquiers de Dieu*, ainsi appelé pour ses rapports privilégiés avec le Vatican.

Cet homme d'affaires, qui fit la couverture du magazine *Fortune*, blanchissait depuis les années cinquante l'argent du trafic d'héroïne, œuvrant au sein d'une nébuleuse où se côtoyaient les dirigeants de la Démocratie chrétienne, notamment le président du conseil Giulio Andreotti, les services secrets, et la loge P2 – dont il faisait partie.

Le banquier se débarrassa de Condotte au moment du crack du Banco Ambrosiano, l'une des plus importantes faillites bancaires mondiales, qui l'impliquait en même temps que la mafia et le Vatican. La société passa au groupe IRI – Institut pour la Reconstruction, établissement public créé par le gouvernement fasciste dans les années trente.

Plus tard, incarcéré et condamné à la prison à vie pour l'assassinat du commissaire liquidateur de son empire financier, Sindona fut *suicidé* en 86, et mourut de la même manière que le lieutenant du bandit Giuliano, empoisonné à la strychnine dans le café.

Et comme d'habitude, un épais brouillard retomba sur les faits.

Ce fut donc l'État italien qui prit la relève de Condotte jusqu'en 1997, lorsqu'au cours d'une sauvage campagne de privatisation, la société fut achetée par l'Ingénieur.

L'Ingénieur fusionna alors toutes ses entreprises, incorporant son dernier joyau à l'entité gigantesque qu'il appela Condotte SPA, en hommage au nom centenaire de la plus ancienne et légendaire d'entre elles – et sans doute aussi pour effacer le nom de Ferrocemento, qui avait fait long feu.

Condotte SPA allait rapidement trouver sa vitesse de croisière, gérant notamment les travaux de la TAV, le TGV italien. L'entreprise continua également d'aménager une grande partie de l'autoroute

Salerne-Reggio Calabre, et s'engagea fermement dans le projet du pont reliant la Sicile et la Calabre.

Mais ce n'étaient là que quelques-unes des visées de l'Ingénieur. Lorsque le consortium Venezia Nuova (dont Condotte faisait partie depuis la naissance du MOSE, engin miracle censé sauver la Sérénissime du naufrage qui la menace tous les jours davantage), lorsque le Consortium, donc, lança la première tranche de travaux dans la lagune, l'Ingénieur était prêt.

Moi, après avoir habité quelques années à Rome où j'avais croisé la fin de la comète *Dolce Vita*, déjeuné avec Federico Fellini, bu un americano avec Michel Piccoli et un verre de blanc avec Elsa Morante – dont j'avais failli devenir la secrétaire, mais ce n'était pas arrivé, Dieu merci, autrement je serais en prison pour meurtre aujourd'hui tant cette sublime écrivaine pouvait être odieuse –, j'étais déjà partie vivre ailleurs.

Dans les années quatre-vingt-dix je revenais rarement dans ma maison d'enfance. Ce n'était jamais simple. Le cycle de la souffrance n'était pas encore terminé.

23

Combien d'hommes de paille comme mon père aviez-vous à disposition pour faire le sale boulot, Votre Majesté l'Ingénieur ?

Jusqu'au jour où vous avez avalé une trop grosse bouchée, même pour un bel appétit comme le vôtre, car un hameçon se dissimulait dans le ver dodu qui se tortillait devant vos yeux.

En achetant Condotte, vous êtes devenu un condottiere un peu trop en vue. Même votre carte de membre du boy's club très privé de la loge P2 (puis P3 et P4 – car jamais ce système ne s'est réellement arrêté, il s'est simplement enterré, comme une tortue lorsque l'hiver survient) n'ont pu protéger votre règne sur le long terme.

Qu'à cela ne tienne. Quand on parle de capitalisme patriarcal, ce n'est pas pour ne rien dire. Vous aviez un paratonnerre rêvé.

En l'espace de quelques années, l'ingénieur Duccio Astaldi, votre gendre, est passé de la gloire au cabanon. Histoire ordinaire et exemplaire à la fois – triste et habituelle en Italie. Il a été rattrapé par les enquêtes judiciaires, mais aussi par la malfaçon dans certaines grandes œuvres incontournables. Des scandales comme celui du MOSE à Venise – la ville a infiniment souffert lors de l'inondation de l'automne 2019 sans que jamais les vannes rouillées se lèvent d'un seul centimètre : l'entreprise est aujourd'hui mise en examen pour entente illicite dans un appel d'offres. Les magistrats estiment que, depuis la naissance du projet, plus de cent millions d'euros par an se sont évaporés. (À l'heure où j'écris, enfin, le dispositif paraît fonctionner. Espérons que cela continue. Même si au final le MOSE aura coûté plusieurs fois la mise originale, l'important est que Venise survive). Ou comme la construction de la Métropolitaine C de Rome, florilège d'incompétence. Ou le dépassement infini des fonds nécessaires à la mise en œuvre du Centre des Congrès de l'EUR, aux portes de Rome, avec son *Nuage* imaginé par l'architecte Fuksas.

Liste non exhaustive.

Il y a deux types de corruption : l'une est due à l'infraction des règles, et l'autre, à la corruption des règles. C'est la deuxième qui est la plus durable et la plus intéressante. À la racine de la déprédation des ressources publiques, il y a la corruption des règles, c'est-à-dire la fabrication des lois permettant à un petit nombre d'entreprises d'avoir le monopole des grands travaux.

Vous, en revanche, vous n'avez pas été confronté à la débandade et à la honte. Vous étiez déjà mort. Papa aussi. Ce fut sa dernière fierté de vous survivre quelques mois.

Et après vous, Ingénieur.

Après vous, il y a eu l'effondrement du pont Morandi à Gênes, quarante-trois morts par une pluvieuse matinée du mois d'août 2018. Des familles entières, des gens qui revenaient de vacances, d'autres qui partaient au travail, ont été engloutis par un enfer de ciment désagrégé sous leurs pneus. Ils se sont envolés au milieu des blocs de *ferrocemento* et sont morts écrabouillées sous des centaines de mètres cubes d'autoroute.

Au pays du Colisée, des aqueducs romains et des églises millénaires, il est paradoxal que des structures si récentes disparaissent. Le temple de Concordia, construit vers 440 avant Jésus-Christ, n'est qu'à quelques kilomètres d'un viaduc achevé en 1970 et déjà hors service.

Depuis 2004, douze ponts se sont écroulés dans la péninsule.

Les entreprises de construction, en connivence avec la mafia, ont utilisé du béton *non fortifié*, avec une quantité disproportionnée de sable et d'eau par rapport au ciment. Le profit pour chaque pylône ou kilomètre de route est garanti.

Le secteur du bâtiment est la deuxième activité la plus rentable de la mafia, après le trafic de drogue.

C'est en 2008, quelques années avant votre mort, Ingénieur, que l'on a retiré le certificat « Entreprise mains propres contre la mafia » à votre société : cinq de vos managers les plus importants ont été arrêtés dans le cadre de l'enquête sur l'écroulement d'un tunnel de l'autoroute

Salerne-Reggio Calabre. Pour Condotte, votre fleuron, les choses ont commencé à se gâter.

Je suis si heureuse que mon père n'ait été que du menu fretin dans votre vaste toile d'araignée, Ingénieur. Que l'humiliation des menottes lui ait été épargnée.

Quand vous l'avez laissé tomber, vous le lui avez signifié entre deux portes, *J'oubliais : je n'ai plus besoin de vos services*.

Pas d'indemnités de départ, mais un putain de chantier ouvert – à *son* nom, pour *votre* société, Ingénieur ! – qui l'a laissé sur le carreau. Papa a été ruiné. Ensuite, parce qu'il vous a supplié – ma mère lui avait rendu la vie impossible –, vous lui avez remis une enveloppe avec quelques billets.

Je suis sûre que la femme de ménage de votre épouse a été mieux récompensée.

Le principe fondamental qui régule le fonctionnement de toute démocratie saine est l'existence d'une frontière claire et infranchissable entre politique et bureaucratie. En Italie, c'est un voile invisible. Le poudroiement sur les ailes d'un papillon. Un frôlement d'ailes, une lumière dorée.

Le fantôme d'un pays civilisé.

Il y a un mot qui me rend euphorique – je l'ai entendu, au cours d'une conférence, tomber des lèvres de l'un de vos pairs : c'est *finance créative*.

J'en rigole tellement que des larmes tombent de mes yeux.

24

Mes frères soupirent, Qu'est-ce que tu nous casses les oreilles avec ces histoires, on a d'autres problèmes aujourd'hui.

J'entends l'écho de la voix de papa dans la vôtre, *Si les femmes touchaient leur bille en politique, ça se saurait.*

Vous connaissez beaucoup de femmes qui ont œuvré aux magouilles, scandales, massacres, débandades économiques et sociales des cinquante dernières années ?

Jacob, Eli, et même toi, Abel. Cessez de prêter l'oreille aux vents noirs que notre père vous souffle dans le cœur. Cessez d'entretenir cette propagande de cabinet d'aisances dans laquelle il vous a élevés, *terre et peuple, sol et sang, culture et destin privilégiés*.

Cela s'appelle fascisme universel.

Je ne veux plus entendre ça.

Par pitié.

Eli, je me jetterais sous un train pour toi. Tu as été, des fils de papa, celui qui a le plus souffert. Le plus sensible, le plus désarmé. Crois-tu que je ne me souvienne pas de la manière dont il te traitait ? Mais tu es aussi celui chez lequel sa violence s'est le mieux enracinée. Il a fallu toute ta gentillesse naturelle pour sortir de son emprise.

Il t'a fallu toute ta vie d'homme debout.

Tes enfants sont blonds comme les blés. Tu élèves le seul garçon de la nouvelle cuvée. Éduque-le dans le respect de l'autre, des autres, quels qu'ils soient. Épargne-lui l'héritage maudit. *Tu préfères un fils mort à un fils voleur ?* Mords-toi la langue au lieu de proclamer des pareilles inepties.

Et toi, Jacob. Tu as été mon petit compagnon. Mon premier camarade de jeux. Crois-tu que je ne me souvienne pas de tes pleurs – car tu avais peur de tout, petit garçon ? De notre façon de nous tenir la main, la nuit, quand tout à coup on tremblait de terreur, sans savoir pourquoi ?

De ta maladresse ? De ta timidité ? Lorsque nous nous sommes enfermés dans la salle de bains pour arracher, seuls, notre première dent de lait, nous avons affronté ensemble la crainte, la douleur. Ensemble, nous avons gagné.

En colonie de vacances – quelle horreur, nous avions détesté – on nous avait séparés. Toi dans le bâtiment des garçons, moi dans celui des filles. Mais j'avais toujours l'œil sur toi. Je corrompais les pionnes pour venir te voir. Pour savoir si tout allait bien. Si tu étais assez couvert. Si tu mangeais.

Jacob, ta femme est noire. Tes fillettes, on dirait Angela Davis. Tu les vois, les regards que les salauds font pleuvoir sur leur beauté. Leur fragilité. Elles sont ce que tu as de plus cher au monde. Protège-les non seulement par ton travail et ta générosité, mais aussi par le courage de ta pensée.

Quant à toi, Abel, le plus jeune de la fratrie. Qui n'a pas pleuré aux funérailles de notre père. Ni après.

Celui qui a fait face à papa dont le Monstre intérieur, avec l'âge, s'affaiblissait.

Son petit préféré.

L'impuni.

Garde-toi de reproduire ses phobies. Les mensonges qu'il se racontait, sa veulerie. La propreté est aussi physique que mentale. Tu le sais. Tu l'as défié. Tu es devenu ce qui l'épouvantait : un gitan lunaire, un jongleur, un cracheur de feu, un comédien des rues. Un artiste dans toute sa complexité.

Tu as deux petites filles qui t'observent avec le même regard, grave et sérieux, que celui que je posais autrefois sur lui.

Ne les déçois jamais.

Quand tu es né, *tesoro*, j'avais quatorze ans. C'est au cours du premier été de ta vie que ma propre vie a pris la tangente. La saison de l'ampoule qui danse au plafond, qui jette ses ombres sur les murs nus – et nos visages médusés. L'égarement de notre père, tu n'as connu que ça. Tu étais trop jeune pour comprendre ce qui s'était passé avant toi.

Tu as été le seul dont la pensée m'a retenue, *vraiment* retenue, quand j'ai voulu partir de la maison. *Ne pas te voir grandir.* Ne plus te raconter les histoires des étoiles sur lesquelles on vivait comme sur Terre, mais où tout était inversé. Ne plus peigner tes cheveux comme des fils de soie dorée, ne plus te faire rire, te jeter en l'air et te rattraper, ne plus être folle de tes yeux, *ne pas te voir grandir,* que de nuits j'aurais passées dans des lits étrangers à sangloter sur ton odeur de bébé, ton petit corps potelé, tes premières dents que je ne verrais pas pousser, tes premiers mots, tes premières idées.

Je ne te verrais pas grandir.

Ce fut mon plus grand regret.

25

Printemps 2013. Depuis une semaine papa agonisait. Le soleil faisait des taches sous mes oliviers. L'air frémissait du vol des papillons blancs dans les lavandes bleues. Je ne dormais pas. Le matin tôt j'allais courir sur le chemin qui côtoie la montagne derrière chez moi. Les coquelicots enflammaient les prés.

J'attendais.

Je pensais que venir te voir une dernière fois ne servirait à rien, papa. Que tout ce qui pouvait se dire, se faire, avait été dit et fait. Je pensais à toi qui t'en allais en silence ; à moi qui, dans ce silence, resterais à jamais.

C'était en mai. Il faisait chaud. Les nuits duraient longtemps, claires, remplies de chants d'oiseaux. Le manque de sommeil me faisait cligner des yeux.

Chaque jour qui passait pouvait être le dernier. Chaque heure qui passait me séparait de toi. De tout ce qui n'avait pas été, èt qui ne serait jamais.

Mais venir te voir, je n'y arrivais pas.

Toi, tu dérivais.

Puis, une nuit, je suis sortie avec ma chienne Lou. Il faisait noir de lune. Le sentier dans la montagne était plus lumineux que la forêt autour. Ça bruissait de petits animaux. D'herbes froissées. Les chouettes hululaient. Ma chienne gambadait, quelle bonne idée, cette balade impromptue.

Nous sommes arrivées à une source, que l'on dit enchantée. Lou s'est jetée dans l'eau pour rapporter un bâton. Et je ne sais pourquoi, en levant les yeux vers ce ciel tout plein de lumières, j'ai éclaté en sanglots. Lou a lâché son bâton pour venir me consoler. Je l'ai prise dans mes bras, grosse et mouillée, j'ai caché ma tête dans son poil et j'ai pleuré comme je ne me souvenais pas de l'avoir fait les trente dernières années.

Le lendemain, j'ai pris le premier avion pour Venise. J'ai loué une voiture. Je suis arrivée dans cette maison que j'avais fuie plus de trente ans auparavant.

Cette maison de laquelle, chaque fois que je revenais, tu me chassais.

Cette maison que je ne pouvais habiter que si toi, tu en partais.

Je me suis penchée à ton chevet, papa. Maman t'avait ramené à la maison, ça ne servait à rien que tu restes à l'hôpital.

Elle m'a raconté que tu t'étais fâché. Parce que l'infirmière n'avait pas rappliqué quand tu l'avais appelée pour avoir la bassine.

Tu avais horreur de te sentir diminué.

Tu as crié, avec la voix qui te restait, *Infermiera, vaffanculo.* Je ne sais pourquoi, ta dernière colère m'a fait rire aux éclats.

Il manquait trois jours à ta mort. Tu ouvrais désormais à peine les yeux. Je t'ai donné une framboise, ton fruit préféré. Ça a failli t'étouffer. Tu ne pouvais avaler qu'un peu de glace. Puis, même plus ça. Tu écoutais le Giro d'Italia. Tu étais calme. Le visage détendu. Détaché.

Maman et moi étions côte à côte près du lit où tu gisais. Je lui ai murmuré, Je ne sais pas pourquoi je suis là. C'est trop tard, tu vois ? Trop tard pour tout, maintenant.

Tandis que je parlais, j'ai approché une main de ton visage, papa. Ton visage un peu gris déjà. Je voulais dégager tes cheveux de ton front, toujours un peu longs, si fins maintenant, un pâle duvet.

Et alors.

Ta main a bougé. Ta belle main décharnée, noircie. Tu l'as soulevée, aveuglément, interceptant la mienne au passage. Et doucement

doucement,

tu as ramené nos mains à tous les deux vers mon visage. De nos deux mains liées, tu m'as caressé la joue.

J'ai senti comme un battement d'ailes prisonnier.

Je suis restée immobile. Le frémissement s'est arrêté.

Ta main est retombée.

26

La première fois que j'ai lu *Gatsby le Magnifique*, j'ai pensé que Gatsby, c'était papa.

Mélancolie comprise.

Mais s'il avait pu revenir à un certain moment de sa vie et s'il avait recommencé tout doucement depuis le début, il aurait pu découvrir ce qu'il cherchait, et peut-être l'aurait-il trouvé.

J'ai choisi cette phrase, que je cite de mémoire, pour sa nécro parue dans le *Gazzettino* de Padoue, le quotidien local.

C'est tout à la fin, dans les dernières pages de *Gatsby*.

Un visage mort, ce n'est rien. Ça fuit, ça coule entre les doigts, et en même temps, c'est un rocher. Le visage mort de mon père, je n'y comprends pas grand-chose, aujourd'hui encore. On dit que, le temps passant, on s'y habitue. Je ne sais pas pourquoi ça ne marche pas pour moi. C'est le même sentiment de surprise que ce jour de mai 2013, au matin de sa mort. Le visage figé de mon père, je ne m'y fais pas. Ses cheveux aussi doux qu'un duvet sur son front où les rides se lissaient maintenant qu'il ne fronçait plus les sourcils. Maintenant que la morsure qui lui avait étreint le crâne s'était desserrée.

Je soufflais sur ses cheveux, ils voletaient. Un amant me soufflait sur le visage pendant l'amour autrefois.

C'est à ça que je pensais ?

Voici donc mon ennemi le plus intime réduit au silence et à l'immobilité. Quelques heures avant, ses mains étaient jointes, comme en prière, sur son bas-ventre, les doigts repliés. Ses doigts si blancs qu'on les aurait dits transparents, couleur de vieil ivoire, les ongles déjà noircis alors qu'il respirait toujours. Je les avais photographiées, ses mains vivantes, en cachette de ma mère.

Puis, une fois qu'il avait cessé de respirer, je les avais de nouveau photographiées, ses belles mains, les mains élégantes de mon père. *Fermées en poing, martelant mes côtes et mes bras repliés autour de la tête, lorsqu'il se penchait sur moi pour cogner.*

C'est à ça que je pensais ?

Ces photographies, je les ai collées sur les pages d'un cahier. Dedans, des lits défaits, des draps et des sacs de voyage à côté d'oreillers froissés, des lames de lumière sur des chemises blanches. Le titre de la série est *Chambres*. Il n'y a jamais d'hommes dans ces images si ce n'est des ombres fuyantes, parfois. Je me rends compte que la seule Chambre habitée est celle où gît mon père, mains croisées sur son bas-ventre.

Vivant, puis mort.
Vivant – et mort – à jamais.

Il y a des photos que je garde secrètes. Même maman ne les a jamais vues.
Personne d'autre que moi ne les connaît.

27

Ce n'était pas un viol. Plutôt que me faire l'amour, il me donnait des coups de poing.

Ce n'était pas un viol. Mais notre corps à corps était suivi de jouissance, de fatigue intense, et de la satisfaction que toute action procure si elle est bien menée. (Enfin, pas de mon côté.)

Ce n'était pas un viol, quatre-vingts kilos de beau gosse chevauchant une gamine de quatorze ans qui criait ?

Désolée que vous ayez été témoins de ça, Eli, Jacob, et même toi, Abel, si petit. Cette ampoule nue, je la verrai osciller jusqu'au bout devant mes yeux. J'ai dû partir loin pour que ça cesse. Me mettre en danger. Couper mon cœur en deux.

Vous abandonner.

Si je n'ai pas cédé à la nuit, à l'effroi, à la peur. Si j'ai trouvé la quiétude dans une solitude aimée. Si j'ai cessé de lutter, et à la place j'ai respiré. Si je suis allée à la rencontre du monde au lieu de m'enfermer.

C'est parce que l'écriture m'a protégée. Les cahiers que maman a brûlés, je les ai réécrits cent fois. Les livres que papa a jetés, je les ai rachetés.

Tout d'un coup, ça me revient ce que tu me disais, papa : *Pour qui tu te prends ? Tais-toi. On va te couper la langue. C'est tout ce que tu y gagneras.*

Tu te souviens de ce que j'écrivais sur les murs de ma chambre ? *Io sono mia*, je suis à moi.

Ma langue est devenue ma liberté.

J'étais en train de courir quand maman m'a appelée sur le portable. Il n'était pas 7 heures du matin. Tout autour de moi, les coquelicots ondoyaient. Souffle régulier, jambes et tête légères, je courais.

Tu t'étais agité à la fin. Remuant sur l'oreiller, tu avais ouvert les yeux, regard fixé sur quelque chose que tu étais seul à voir. Ton dernier soupir avait été un abandon dans lequel entrait une sorte de douceur. Ainsi me l'a raconté maman. Épuisée d'être restée auprès de toi toute la nuit, assise sur une chaise, la tête posée sur ton lit. Je lui ai demandé si tu étais mort les yeux ouverts. Si c'est elle qui les a fermés.

Nina, la chatte tortue, était restée sur ton lit jusqu'au bout, ronronnant.

Pour t'accompagner.

28

La montagne est enneigée pour un mois de mai. Le sentier passe à travers la forêt, enjambe les ruisseaux, frôle les terriers des marmottes qui se dressent sur les pattes arrière et sifflent à notre passage, outrées. Jacob ouvre la marche, sac à dos sanglé sur le dos, Eli le suit avec des raquettes. Moi, je musarde comme je l'ai toujours fait ici, à Fleres.

Cet endroit où tu étais si heureux. Les siestes sur le transat parmi les pavots. Les courses vers le glacier.

En avançant, nous tâtons les blocs de granit, brossant lierres et lichens de la main, nous demandant si c'est là que nous allons fixer la plaque gravée avec ton nom.

Abel n'est pas venu.

Tandis que je monte vers le glacier, je ne pense à rien.

Eli m'appelle. *Regarde celle-là.* C'est une énorme masse de pierre grise à côté d'une cascade en pente douce. Comme si l'eau riait entre deux rives où percent les crocus. Eli, pratique, tâte les aspérités de la roche, juge l'à-plat, évalue l'humidité. Dans son sac à dos il a du silicone acétique, un chiffon doux, un couteau. Jacob est d'accord avec notre choix. Il ôte son sac à dos, sort la plaque, la pose aux pieds de la roche. Eli déballe les seringues de silicone. Le couteau glisse. Il s'ouvre le pouce, ça jaillit.

Nazzareno Greggio

1933-2013.

Ta plaque, papa, est toute tachée de sang.

La neige qui recommence à tomber délaye les traînées rouges sur la pierre. Je lève la tête. Les flocons font des larmes dans mes yeux.

29

Je prends ta main amaigrie dans la mienne, maman. Tu portes toujours ton alliance. Sept ans après la mort de papa, tu ne l'as pas ôtée.

Nous sommes dans la cuisine, à la fin d'un après-midi d'été :

— Majorana est un nom juif, maman.

Tu me fixes de tes yeux bruns. Ton regard de seize ans. Ton visage est sculpté par la lumière rose du soir qui vient. Tu dis :

— Ludivico Majorana. Ce garçon. Il a passé huit mois au grenier. Tout l'automne et l'hiver 44-45. J'avais oublié.

Entre tes doigts, la photo d'un jeune homme en uniforme d'aviateur. Tout en lui – son attitude, son visage, sa manière de se tenir – suggère force d'âme et mélancolie.

Ses yeux sont cernés.

Derrière la photo il a écrit, *Al signor Gino e alla signora Ida. Il n'y a pas de mots pour vous remercier.*

Je touche le jonc d'or blanc que tu n'enlèves jamais. Je sens tes os sous ta peau, tes osselets d'oiseau nerveux. Tu tournes de nouveau ton regard vers moi :

— Ce bracelet, c'est Majorana. Ludovico n'avait rien d'autre à faire dans le grenier, alors il l'a sculpté, rose après rose, avec un clou, le dernier hiver de la guerre. Il l'a donné cette nuit-là à Ida. Je l'ai toujours su. Mais oui, j'avais tout oublié.

— Quelle nuit, maman ?

— Il marchait à nos côtés dans la campagne, ta grand-mère pleurait, ton grand-père la soutenait, et moi, j'étais sur ses épaules, mes bras autour de son cou. Il me portait, je me suis endormie.

— Quelle nuit, maman ?

— La nuit où nous avons fui. Gino avait été dénoncé comme collabo. Les partisans l'avaient condamné à mort. Et sa famille aussi. C'est Ludovico qui a payé les gens qui nous ont cachés. Il a aussi payé la bande de Lorenzo Valdis, qui est venue nous escorter. Il y avait des lucioles dans les champs de blé… des lucioles, plein les blés. Tu m'emmèneras les voir bientôt ? Ma chérie ?

— Alors, c'est lui qui…

— Qui nous a sauvé la vie. Oui.

30

Des années après mon départ de la maison, alors que j'habitais déjà Paris, tu m'as envoyé ce mot, maman : *Tout ce qui t'est arrivé, c'est ma faute aussi. On ne peut pas revenir en arrière, je ne peux pas effacer ta douleur, et tout ce qui t'est arrivé après. J'espère qu'un jour tu me pardonneras.*

Mais, maman,

venir avec moi, tu ne pouvais pas.

Abel avait trois ans. Jacob et Eli étaient petits.

Toi non plus, tu n'avais personne pour t'aider.

Et bien sûr je t'emmènerai voir les lucioles.

Et *bien sûr*, je t'ai pardonné.

Mais comme autrefois, lorsque l'homme sans visage m'a couru après, je ne t'ai pas tout raconté.

C'est toi qui m'as sortie des bois ce jour-là. Et aussi, je crois, une sorte d'allégresse, et cette confiance en moi qui grandissait car j'ai senti que je gagnais, l'homme se fatiguait et perdait un temps précieux à jurer, il ahanait tandis que mon cœur pompait dans mes cuisses un sang jeune, propre, fort, et l'homme sans visage s'éloignait, s'éloignait derrière moi, jusqu'à ce que j'entende ta voix qui criait *CHECCA CHECCA dove sei ?*, où es-tu ?, et me dirigeant vers toi je me suis dit, Va, jusqu'à la prochaine fois, tu es sauvée.

Jusqu'à la fois d'après, maman. Car tu n'as pas toujours pu me secourir.

Au cours des années, l'homme sans visage m'a souvent attrapée.

31

J'ai vingt ans la première fois que ça m'arrive.

Un 31 décembre. Nous sommes invitées, une amie et moi, à une fête dans une villa près de Venise pour le réveillon. Nous passons l'après-midi à essayer des robes, des chaussures, des coiffures. Le soir, nous passons en revue nos mises respectives : un peu plus grande que moi, Donatella a mis des ballerines – pour ne pas effrayer les garçons qui l'inviteraient à danser, dit-elle avec un rire dans les yeux.

Elle était célèbre à cause de ses yeux, Dona : verts, violets, on ne savait pas. Et sa bouche : large, charnue, aux coins relevés. Et ses cheveux : longs jusqu'à la taille, roux, mais sombres, presque noirs.

Ce soir-là, elle en avait attaché une mèche derrière l'oreille, avec une pince à plumes et rubans moirés. Un haut pailleté sans manches, une jupe aux genoux, et hop !

Une beauté.

Moi, parce qu'en jupe je ne me sens pas à l'aise, j'avais mis mon jean habituel avec des talons et un chemisier blanc qui laissait mon nombril à découvert.

Les cheveux en queue-de-cheval, les yeux charbon et du rouge à lèvres foncé.

Lorsque nous sommes arrivées à la fête, assez tôt dans la soirée, les gens dansaient. Nous ne connaissions pas grand monde, nous avons fumé des cigarettes, bu un verre de prosecco, discuté avec des gens en hurlant, car la sono était à fond.

Nous étions là depuis une petite heure, minuit était encore loin, quand deux garçons plutôt pas mal, bien habillés, nous ont invitées à danser.

Je dis pas mal.

Mais je ne me souviens absolument pas du visage.

Qui s'est comme effacé.

Nous avons dansé. Fumé encore des clopes.

Et puis, toutes les deux, nous avons bu un Negroni qu'ils nous avaient rapporté du bar bondé.

Gentils, nos chevaliers.

Qui avaient ajouté un ingrédient à ces cocktails déjà explosifs.

Nous nous réveillons le lendemain matin dans une pièce au premier étage de la villa, côte à côte, étendues par terre sous nos manteaux.

Nues.

Barbouillées d'un mélange de salive, de sperme, de vomi.

Les nattes collées de sang, les vêtements déchirés.
La violence, c'est le fascisme.
L'ampoule nue oscille.
Suspendue au fil électrique
elle se balance au plafond.

Lumière/ombre/lumière.

Ombre.

Nous nous rhabillons avec les fringues que nous retrouvons éparpillées dans le fouillis de la chambre.

Nous descendons dans la grande pièce où il y a encore des gens qui dansent, bourrés, *stone*, faits comme des rats.

Les deux garçons ne sont plus là. En sortant dans la rue, Donatella jette sa pince à cheveux dans une poubelle. Sans me regarder. Jamais, au cours de toutes ces années, nous n'avons parlé de tout ça.

C'était la première fois. Il y en aura d'autres.

L'homme sans visage a parfois gagné ; mais perdu aussi, je dirais.

La partie, pour moi, n'est pas finie.

32

Les tantes Marina et Rina s'en sont allées à quatre-vingt-dix ans passés.

Nonna Ida est morte après ses sœurs, plongée dans un profond Alzheimer.

Maman lui chantait les mêmes berceuses qu'Ida lui avait chantées, enfant.

— *Rabegola*, qui est-ce, ce monsieur à côté de toi ?

— C'est mon mari, tu ne t'en souviens pas ?

— Ma chérie, pourquoi tu t'es mariée avec un vieux ?

Et Pulini s'en est allé un samedi matin. Maman l'attendait pour aller au marché. Il écoutait la radio en prenant sa douche. Elle dit que, lorsqu'elle a frappé à la porte pour lui dire de se dépêcher, elle a eu une sorte de vision hallucinatoire. Elle l'a VU. Étendu par terre, propre et nu.

La radio continuait de hurler. L'eau de la douche ruisselait. Il ne répondait pas. Lorsqu'elle a ouvert la porte de la salle de bains, qui n'était pas fermée à clé, la position dans laquelle elle l'a trouvé était exactement celle de sa vision. Gino était étendu par terre de tout son long. Ses yeux bleu ciel ouverts. Sentant le savon à la lavande et le talc.

Propre et nu.

Maman dit que Gino savait qu'il était perdu, mais il ne l'avait dit à personne, tenant debout pour rester le plus longtemps possible auprès de sa femme, et ne pas gêner.

Que tu sois béni, *nonno* Gino. Pour tes pivoines blanches et tes gardénias.

Pour Ludovico Majorana, dont tu n'as rien dit à personne, jamais.

Pour les Sivelli que tu as accueillis chez toi, faisant fi des sales lois.

Et pour maman, bien sûr.

Ma sauvée.

Je revois la photo où tu poses fièrement avec ton pantalon *à la zouave,* un fez sur ta tête penchée, ta chemise noire aux manches retroussées.

Tu as les yeux qui rient.

Tu les as bien eus, *Pulini* chéri.

33

Sang de dragon. Brute de nom, GREGGIO. Ce nom de toi, papa, je l'ai brandi comme une épée.

Pour te venger.

Où es-tu, maintenant ? Est-ce que ça valait la peine, tout ça ? Est-ce que tes démons t'ont laissé en paix ?

Quand Nina, la chatte tortue, est morte au printemps dernier, maman m'a envoyé une lettre :

Voici ma Checca les sensations que j'ai ressenties (ne fais pas attention aux répétitions s'il te plaît) – quand Nina dans la tranquillité d'être près de moi s'est calmée avant de commencer à mourir. J'ai senti dans son corps si fragile la vie qui se rebelle à la mort.

Mais la mort est plus forte et TIRE OU DÉPOSE DES BALLONS PLEINS D'EAU DANS LE CORPS ET je les ai ENTENDUS 6 OU 7 FOIS, SOURDS MAIS CLAIRS. Puis Nina s'est effondrée, comme déçue, et elle est entrée dans l'agonie, un coma encore REBELLE mais sans retour.

J'ai compris cela.

ÇA a duré de 15 h à 23 h – et cette rébellion a eu lieu deux fois…

Tu ne ressens pas ça dans le cerveau… pas même dans le cœur… mais dans l'âme.

ET D'AVOIR VÉCU À PROXIMITÉ DE L'ÊTRE QUI SE MEURT…

VOICI, CHECCA… CES SENSATIONS TU NE PEUX PAS LES VIVRE TROP DE FOIS…

C'était une chatte adorable… jamais intrusive… patiente et unique… les 2 derniers mois de sa vie… elle n'a pas perdu l'amour et… la jouissance aussi.

Sa mort a été patiente et elle n'aurait PAS mérité de souffrir plus longtemps…

Je lui ai donné tant d'heures de mon temps… mais que de lourdeur… C'ÉTAIT DEVENU UN POIDS POUR MOI, UN POIDS SANS ESPOIR.

Elle est partie.

ET MAINTENANT RIS

Checca

ET NE PLEURE PLUS.

34

De cette histoire maintenant achevée, je garde en mémoire les yeux de ma mère.

Maman qui me dévorait du regard à deux mètres de moi, tandis que dans le taxi je m'en allais vers une autre vie.

Nous voir le matin au petit déjeuner, prendre un café en riant, chanter une chanson ou un de ces airs d'opéra qu'elle affectionnait, coiffer l'une l'autre nos cheveux, nous prêter nos rouges à lèvres, tout ça, c'était fini. J'emportais avec moi quelques illusions qu'elle avait gardées, et le corset de sa bonne éducation qui nous serrait, toutes les deux.

Je lui volais en partant une partie de sa joie, qui resterait longtemps suspendue à cette fille perdue pour elle, pour toutes les deux.

Je lui volais un peu de sa poudre magique, celle de son enfance gâtée, la chance insolente d'avoir survécu, et un tout petit peu du charme qu'elle a, ma princesse au petit pois.

Elle a toujours affirmé que les vitres du taxi étaient obscurcies ce jour-là, qu'elle ne m'a pas vue.

Et je la crois.
Ma mère.
Ma Bellissima.

Ça y est, c'est terminé.
L'homme tourne son visage vers moi.
Je le reconnais.
En fin de compte, ce que j'aurai le plus aimé dans cette vie, c'est regarder le ciel, entre les cils, éclater.

35

Lors de sa rencontre avec Mussolini en 1930, Gandhi a déclaré : Il a un visage étrange, des yeux de chat. En sa présence on est abasourdi. Je ne suis pas du genre à me laisser faire, mais j'ai remarqué qu'il a arrangé les choses autour de lui pour que le visiteur soit terrorisé. Les murs du couloir par lesquels vous devez passer pour l'atteindre regorgent d'épées et d'autres armes redoutables. Lui, il n'en porte aucune. Ses yeux suffisent, ils bougent dans tous les sens, en une constante rotation. Le visiteur finit par succomber devant son regard, comme une souris qui court directement dans la bouche d'un chat juste parce qu'elle a été poussée par la peur.

Les différents visages de Mussolini ont parsemé pendant des dizaines d'années tous les murs de tous les villages, de toutes les villes et de tous les palais d'Italie.

Tête chauve, menton en avant, lèvres sensuelles, moue courroucée.

Ces représentations du Duce ont été réalisées avec la technique de la fresque, destinées donc à durer. Lorsque le fascisme est tombé, ces images ont été recouvertes par une peinture murale – à durée limitée.

Aujourd'hui, ces fresques réapparaissent sous les enduits effrités. Ces visages qui ne cessent d'affleurer, on ne peut les retirer qu'avec des pioches, les gommer au grattoir ou au Kärcher. Un par un. C'est un long travail, mais ça vaut le coup.

On utilise une poignée de chaux pour recouvrir les trous.

ET MAINTENANT RIS ET NE PLEURE PLUS JAMAIS.

13847

Composition
NORD COMPO

Achevé d'imprimer à Barcelone
par CPI Black Print
le 14 mai 2023

Dépôt légal mai 2023
EAN 9782290374184
OTP L21EPLN003286-433210

ÉDITIONS J'AI LU
82, rue Saint-Lazare, 75009 Paris

Diffusion France et étranger : Flammarion